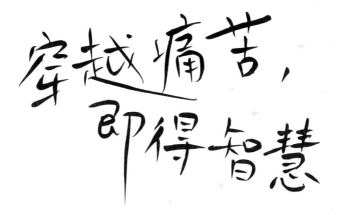

[美]洛丽·德切尼(Lori Deschene) 著
杨清波 向 平 译

Tiny Buddha
Simple Wisdom for Life's Hard Questions

中国出版集团
中译出版社

Copyright © 2023 by Lori Deschene. Published by Mango Publishing, a division of Mango Publishing Group, Inc.
This edition arranged with Mango Publishing
through Andrew Nurnberg Associates International Limited
Simplified Chinese translation copyright © 2023
by China Translation & Publishing House
ALL RIGHTS RESERVED
著作权合同登记号　图字：01-2023-3655 号

图书在版编目（CIP）数据

穿越痛苦，即得智慧 /（美）洛丽·德切尼著；杨清波，向平译 . -- 北京：中译出版社，2024.1
书名原文：Tiny Buddha: Simple Wisdom for Life's Hard Questions
ISBN 978-7-5001-7543-8

Ⅰ . ①穿… Ⅱ . ①洛… ②杨… ③向… Ⅲ . ①人生哲学－通俗读物 Ⅳ . ① B821-49

中国国家版本馆 CIP 数据核字（2023）第 194141 号

穿越痛苦，即得智慧

著　　者：[美] 洛丽·德切尼
译　　者：杨清波　向　平
策划编辑：刘　钰
责任编辑：刘　钰
营销编辑：王珩瑾　赵　铎　魏菲彤　刘　畅
版权支持：马燕琦

出版发行：中译出版社
地　　址：北京市西城区新街口外大街 28 号普天德胜大厦主楼 4 层
电　　话：(010) 68002494（编辑部）
邮　　编：100088
电子邮箱：book@ctph.com.cn
网　　址：http://www.ctph.com.cn

印　　刷：北京盛通印刷股份有限公司
经　　销：新华书店
规　　格：880 mm×1230 mm　1/32
印　　张：7.5
字　　数：160 千字
版　　次：2024 年 1 月第 1 版
印　　次：2024 年 1 月第 1 次印刷

ISBN 978-7-5001-7543-8　　　　定价：69.00 元

版权所有　侵权必究
中译出版社

谨以此书纪念"乔爷爷"亨利·桑托罗

也以此书致敬各位亲爱的读者！

前言

2007年3月,在美国西南偏南地区音乐节期间,推特突然间"炸"了,超过6万条推文都在回答同一个问题:"你正在做什么?"我记得很清楚,当时我宁愿把自己的器官放到易贝(eBay)网上拍卖,也不愿选用推特账号,因为我实在看不出用科技来讲述自己的生活有什么好处。为什么我要更新我的社交圈,让大家(还有陌生人)围观自己那些平淡乏味的日常?当时我十分笃定,如果我参与分享,那种事无巨细的唠叨肯定会让朋友们感到厌烦,等到彼此见面时可能会无话可说,因为他们已经知道我10点钟时吃了米花糖,午餐期间练了瑜伽,4点钟时一本正经地想要剪掉刘海。我觉得,假如用数字手段追踪记录我的生活轨迹,那么我恐怕无法安宁地生活。如果真要使用网络来分享我日常生活的随机细节,那么我想回答一个比"你正在做什么"更有趣的问题。

2008年,我意识到自己当时严重低估了那个问题。当时我在做什么呢？我在为一系列网站撰稿——不过从个人角度来说，那些网站对我来说没有任何意义。经过多年的苦苦挣扎，我终于不再自暴自弃，也不再抑郁，我正试图弄清楚如何成为一个独立的、对社会有用的人——这一上升过程就像从猿类进化到人类那般，颇为漫长而痛苦。虽然无论从哪个方面来说，我都有长足的进步，但我对自己的表现却没有感觉快心遂意，反倒是沉浸在心灵鸡汤和励志书籍中，到处寻找答案，我觉得自己的生活缺乏动力、缺少激情、缺少直觉与胆识。

经过数年的自以为是之后，我觉得有必要把注意力转移到我正在做的事情上。突然间，我意识到，也许推特并不像我想象的那样肤浅——它可以像豆腐一样，吸收任何腌制品的味道，而我可以根据味蕾的要求将其混合在一起。这就是推特的魅力：每个使用推特的人可以自行决定要回答哪些问题，而这些问题可以像提问者预设的那样有用且有意义。提出影响我们生活的问题并探索潜在的解决方案——想来此事值得一做。

我有很多问题要回答：什么能让人快乐？怎样才能活得有意义？当糟糕的决定或失望破坏了人生的发展前途之后，你该如何继续前进？怎样才能让自己走出舒适区，过上梦寐以求的生活？在充满未知的世界里，如何找到安全感？此类问题可以说无穷无尽，比比皆是。

不管我们信仰何种宗教，支持哪派政治，出生在什么家庭，或者扎根在哪里，我们都要面对各种各样的问题。不管我们之间存在什么差异，我们的生活都围绕着这些相同的问题。我们如何回答这些问题，决定了我们会做出什么样的选择，以及我们会成为什么样的人。有些答案属于陈词滥调，看起来很棒，实则纸上谈兵，缺少活力，经不住实践考验；有些答案看似难以置信，但仔细思量之下，尤其是将其与我们的环境联系起来时，它们就变得意义非凡；还有一些答案看似是永恒的、绝对的，直到遭受生活的毒打之后，方才明白多数答案都不堪一击。

事实上，对于生活中的重大问题，很少有具体的、一刀切的答案。苏格拉底认为，接受这一点是真正智慧的基础。生活中有太多我们无法知道、理解或预测的事情。然而，如果我们学会倾听自己的心声，然后沉静下来，让自己置身于这个世界，简单地生活，敞开心扉，那么答案就会显得如此清晰——没错，我说的就是答案。真正的答案是，生活中有无数的可能性，我们可以探索其中，寻找快乐、联结、参与和自由。真正的答案就是：人生既丰富，又匮乏，这就是答案。

我的推特账号"小智慧"（Tiny Buddha）的创立就是源自这样一种想法：探索人生不同的可能性，然后践之行之，从而清楚什么才适合自己。

有人说，我们教给大家的是每个人都需要掌握的东西，对我来说的确如此。当我开始通过推特账号 @tinybuddha 每天推送一句名言金句时，回答的都是在我的世界中让我感到十分棘手的问题。我寻找关于释放压力和焦虑的语录，因为多年来我背负了

穿越痛苦，即得智慧

太多的压力和焦虑，它们已然溢出体外，就像皮肤上渗出浓烈的大蒜味一样。我读了很多本书，手里拿着荧光笔，一直在寻找关于当下幸福的见解，因为长期以来我既沉迷于过去，又担心未来，因而根本不相信有可能摆脱当下的束缚而获得自由。我曾经一度认为，正念冥想只不过是一种令人欣慰的幻觉——就像人们灌输给我的圣诞老人、美国梦和免费午餐一样。

在一年的时间里，我每天坚持推送名言金句，分享这些朴素的思想，@tinybuddha 账号的粉丝数量已经增长到数千人（现在超过了 20 万）。一年之后，我重新审视自己：我在做什么？我只是在重复那些感觉不错的话语，还是因为这样做感觉很好？

我想也许很多人都像我一样，坐在电脑前，想知道他们是否为自己回答了"你在做什么？"这个问题而感到自豪。读一句励志名言并不能保证会触发励志行动，尤其是在目前这种信息过载的世界里，我们中的许多人整天懒洋洋地沉迷于网络。即便偶尔被某些名言金句惊艳到，我们也会丧失自我意识，完全被别人的想法所左右，以至于无法为自己做出正确的选择。

因此，我在 2009 年 9 月创办了"小智慧"网站（TinyBuddha.com），任何人都可以向该网站投稿，分享日常生活中关于智慧的小技巧和故事。从那时起，我亲眼见证了这一网络社区的逐步发展，最后到超出我想象的规模（网站的独立访问量超过 300 万次，脸书［现改名为元宇宙］上有超过 5 万名粉丝，推特上有 20 万名粉丝）。我们所有人都在学习和分享智慧，来自全球各地不同年龄和背景的人,都因同样的不确定性和"不管怎样都要茁壮成长"的决心团结在一起。

这就是我撰写本书的原因:我迫切想要和大家分享与我们生活息息相关的问题,以及人生智慧(无论是传统的还是非传统的),从而指导我们每天做出明智的决策。

序

你将从这本书中学到什么

当我开始在推特上询问大家有关生活的最难的问题,并计划出版一本合作书时,有近1 000人回复了我。在阅读他们的回复时,我意识到他们的回答可以分为不同的种类。虽然偶尔也会有与所有人都不一致的回答,但总体来说,这些推文可以分成几个部分。

我没有削足适履来迎合人们的反应,而是围绕推特上的建议进行探索。就像"小智慧"推特账号的粉丝朋友们以各种形式指导"小智慧"网站一样,他们的见解构成了本书的支柱。由于许多推文非常相似,因此我选择了一些与每个共享观点一致的推文,并由此着手,开始挖掘我的记忆档案,将这些想法与我自己的经历进行权衡,接着深入研究那些能够进一步阐明这些想法的书籍和文章。

在本书的每一部分,你都会看到一些技巧和练习,帮助你将所读的内容付诸实践。请注意，我看书时从不做练习，即使有作者这样写道："我知道你通常不会在书上做练习，但这些练习还请你做一下！"所以我给你一个不同的建议：先把那些对你来说似乎有用的内容着重标记出来，等你发现自己在生活中遇到类似的情况时，再回到书中做标记的地方，采取行动。

我不太喜欢模棱两可、华而不实、新潮晦涩的时髦话，所以我一直在努力使本书切合实际并扎根于现实。我最近读了一篇关于成功销售的博文。文章作者建议，推销任何东西，最好的方法是将其定位为"灵丹妙药"，这是实现我们在生活中都想做但又不愿做的事情的最终答案或方法，比如减肥、找到令人满意的工作或找到幸福。此外，作者还提供了一些证据，证明我们经常把钱花在那些看起来似乎有用实则毫无价值的东西上，而不是花在那些需要时间和精力的成熟系统上。尽管我认为这些建议有一定道理，但我要告诉大家的是，本书并不是什么"灵丹妙药"。

本书并非绝对的真理指南，而是属于众筹智慧，它已得到科学、心理学和社会学研究的支持，无论你身处何种环境，它都可以帮助你立刻体验到意义、幸福和安宁。本书体现了大众的观点，也是对我们如何利用我们所知道和不知道的东西来促进个人和集体福祉的一种审视。

分享我的个人旅程，就像在我家前院草坪上赤身裸体断断续续地做侧手翻一样——我的故事可能很简短，但我肯定会把一切都讲出来。本着同样实事求是的精神，我想澄清一点：我不是一个睿智的生活专家。我怀疑，如果我刻意表现自己，反而会暴露我的无知，因为智慧是一种终身追求。我不是坐在精神科办公室的樱桃木书桌旁写的这本书，也不是趁我在全球各地举办个人发展研讨会的间隙写的。我是在从分类广告网站上买来的破旧沙发上写的，当时我在运营一个推特账户和一个网站，它们似乎帮助了很多人。我承认我不是专家，我这样做并非轻视自己，而是为了提前提醒各位读者：我们都具备同样的能力，每个人都可以推理、学习，然后采取行动，去做对自己有意义的事情。

你会注意到我没有提出与宗教直接相关的问题，因为我担心此类问题一多可能会引发宗教论战，因而决定避重就轻。你可能还注意到，所有的推文中没有任何典型的推特俚语——没有缩写或表情符号。为了方便阅读，我修改了拼写错误，省略了过多的标点符号。最后一点，你可能会想，为什么我不像在网站上那样，在每一部分的开头使用"小智慧"网站上的一句语录。原因很简单，我希望利用本书来探索我们的集体智慧，而这些智慧往往与许多相同的想法极为相似。

我希望你在阅读本书的时候心里清楚一点：像你这样的人并非个例。不管你现在在问自己什么问题，某地某人可能也在思考同样的问题。如果你在推特上搜索像"幸福"或"沮丧"之类的情感词汇——就像我在博客提出主题时惯常做的那样,你会发现似乎有无数相似的想法、感受、问题、观察和结论。

  正是这些问题将我们聚集在一起,而找出并运用那些能赋予我们每个人力量的答案,既取决于我,也取决于你。

目录

第一章　痛苦　｜001

第二章　意义　｜029

第三章　改变　｜055

第四章　命运　｜085

第五章　幸福　｜107

第六章　爱情　｜137

第七章　金钱　｜165

第八章　可能性　｜189

第九章　控制　｜215

致谢　｜223

第一章

痛苦

世上为何有苦难？

不管你是谁，不管你拥有什么，不管你取得了什么成就，你都会在人生的某个时刻感到痛苦。在心理学家已经确定的 6 种常见的情绪中——快乐、悲伤、惊讶、恐惧、厌恶和愤怒，痛苦占了大半。

我们大多数人都知道长辈们说过的话是正确的："一切都会过去的。"但在事发当时似乎并非总是如此。当所有这些由痛苦引起的激素充斥你的身体，将你推向幸存者模式时，你会感觉到一些灾难性的事件已经对你的生活造成了无法挽回的损害，仿佛你的世界永远地崩塌了一样。假如你不够忧虑，事情可能永远不会改变；假如你不够愤怒，你就会逆来顺受；假如你不够痛苦，你就会遭受更多的痛苦和伤害。

事实果真如此吗？

并非如此，事情不是这样的。不管我们觉得自己的情绪有多合理，沉浸其中永远不会让情绪消失。压力本身并不能创造出解决方案，任何一个解决方案，更不用说理性的解决方案了；愤怒不会惩罚伤害我们的人或环境，只会惩罚我们自己；痛苦不能让我们远离痛苦,唯一的作用就是让我们更痛苦。

情绪无法解决问题,但我们必须去亲身感受,因为经常压抑痛苦只会制造更多的痛苦。这就是让人困惑的地方:如果我们不应该抗拒自己的感受,我们又怎么知道什么时候该放手呢?我们怎样才能让自己去感受我们需要感受的东西,同时确保我们不会让当下的幸福从身边溜走呢?

2003年,我在纽约市租了一间没有家具的小工作室,租期为几个星期,想看一看如果我搬到那里去追求演艺梦想,又该如何生存。当时是8月份,时代广场就像一个桑拿浴室,到处都是人挨人、人挤人,像下锅的饺子一样多得令人晕眩。但实际上,大街上根本没有闲散之人——每个人都行色匆匆,奔赴不同的方向,处处散发着大都市的紧迫感。

拿到公寓钥匙几个小时后,我出门前往自动取款机取款,准备买些杂货日用品。在去街角商店的路上,曼哈顿突然变得一片漆黑。我当时并不知道纽约是此次多州停电事件中的受害城市之一。交通信号灯停止运行,行人涌上大街,造成了大规模的交通堵塞。人们开始涌进便利店,为接下来的几个小时购买日用品。场面十分混乱,我感到非常恐慌。

我身上没有任何现金、食物、蜡烛,也没有应急装备。于是我坐在路边,靠在一个邮筒旁,努力控制自己的呼吸。显然,此时的我不是简单的吸气、呼气,而是上气不接下气地大口喘气。这时一个男人蹲下来,把手放在我的肩膀上,说:"美女,你还好

第一章 痛苦

吗?"我没有想到会发生这种事,也没想到他会听我絮絮叨叨地讲自己的故事:我刚来纽约,身无分文,有可能要出卖自己的身体来换取三明治、手电筒。这个男人听完后,毫不犹豫地给了我5美元,并指给我一家商店。商店里人满为患,大家都惊慌失措、汗流浃背,空气中散发着刺鼻难闻的气味,既像是体臭,又像沙滩袋里过期的干酪味。我只抢到了一瓶水,没有足够的钱购买食物。随着其他人争相抢夺他们能抢的东西,选择越来越少。收银台后面的女人给了我半只烤鸭,记下了我的信用卡信息,以便以后再结账。我有了食物和水,现在只需要光亮。5美元一支的手电筒在街上卖到了20多美元——这很正常,完美地体现了供求关系。无奈之下我躲进一家餐馆,把我的情况告诉了服务员,然后带着7块茶蜡离开了。

通往公寓的路上越来越拥挤,我在时代广场停了下来。尽管黑暗中的时代广场有点儿瘆人,好在当时我知道我的基本需求都得到了满足。这就像是来到百老汇演出前的后台,看到魔术幻象背后的人造框架。事实上,眼前的场景与百老汇演出非常相似,因为形形色色的人正聚集在进行即兴表演的音乐家周围。我和身边一位女孩攀谈起来,告诉她我十分惊讶,因为我发现纽约人非常友好,即使他们有自己的事要忙,也愿意伸出援手。女孩说,纽约人会在危机中团结在一起,特别是在"9·11"恐怖袭击事件之后,他们互相照顾,扶贫济弱的恻隐之心远非寻常辞藻所能表达。

穿越痛苦，即得智慧

我记不起那个女孩的名字了，但我永远不会忘记她接下来对我说的话：女孩的父亲和男朋友都死于"9·11"恐怖袭击事件。那一天，她失去了生命中最重要的两个人。有人说，当你认为悲剧本可以被阻止的时候，死亡就是无意义的，尤其当它发生在如此可悲的、惨无人道的情况下。我看着她坐在那里，神色坚毅，面如平湖，看起来与我或其他没有经历过这种悲伤的人没什么不同。我想知道她是怎么做到的：亲身遭遇如此惊天惨剧，还能在白天出门，还能神色如常！我紧紧盯着女孩的眼睛，试图从中寻找她内心的焦虑不安。在我看来，经历了如此惨绝人寰的悲剧之后，她一定徒剩一副躯壳，尤其是在刚失去亲人之后。

后来，我想起了在我得知"9·11"恐怖袭击事件之前我的状况。当时我正躺在床上，伤口化脓溃烂，床头柜上放着6瓶处方药，心中想：如果我死了，谁会来参加我的葬礼？我已经接受了近十年的治疗，但我仍然怀疑我的余生会感到孤独、痛苦，思想会像囚犯那样遭到残酷的桎梏。我是一个胖乎乎的、发育过度的女孩，12岁那年，第一次有男孩在学校走廊里欺侮我，叫我"坏女孩"。多年来，我一直听到男孩和女孩单独或成群结队地叫我"胖荡妇"，并且随意侵犯我，我开始相信我的尊严已荡然无存。有一次，附近学校的一个女孩说："我听说你在考虑换学校。别白费心思了，所有学校的人都知道你是个没用的坏女孩！"从那一刻起，我相信这就是事实——我遇到的每个人都知道我是个一文不值的可怜虫。10年后，22岁的我仍然觉得自己被层层的羞耻

第一章 痛苦

和悔恨所困,就像周身包裹着几十条灌铅的 X 光围裙一般。我曾试图把它饿死,把它堵住,把它咬碎,把它赶走,但最终一切都没有改变。我觉得自己被困在了我那令人厌恶、不可爱的人皮面具里。

我打电话给姨妈,抱怨我的不幸遭遇——我有一份"听众名单",上面的人经常会听我诉苦。结果我刚讲了几秒钟自己的"悲惨故事",姨妈就问我:"洛丽,你怎么能只想到你自己呢?难道你不知道世界上正在发生什么吗?"我真的什么也不知道,于是,我打开电视,看到了新闻。当时,电视上正在不停地播放双子大厦①倒塌的画面,就像沙堡在慢慢坍塌,让人感觉有点儿不真实。我知道人们受到了伤害,我应该感到愤怒。但我的感情已经麻木得太久了,几乎不可能去共情距离遥远的陌生人,我表现得极度冷漠。我看过治疗师、心理医生和药剂师,服用过抗抑郁药、情绪稳定剂和镇静剂。我生活的全部目的就是为了确保自己不必去感受,但我怎么能面对惨剧而无动于衷呢?更糟糕的是,我怎么能在看到惨剧的同时还如此关心自己的所作所为和感受呢?我到底出了什么问题?我为何如此专注于自己到底出了什么问题?

这就是关于情感的一切:有时我们会抗拒情感,并且对自己的情感产生更多的感觉,沉浸在被动的情绪中。我们会回忆发生的事情,想知道我们做了什么引发了这种情绪,想知道我们当初

---

① 纽约世贸双子大厦,位于美国纽约的世界贸易中心,2001 年在"9·11"恐怖袭击事件中倒塌。——编者注

是否可以做些什么来阻止这种情绪,甚至还会怀疑自己是否罪有应得。我们会想事情是多么不公平,并且希望能够回到过去改变它们;我们会思考自己处理事情的方式,认为如果当初做出其他选择是否可以改变事情的结果。然后,在经历所有的抵抗之后,我们想知道自己何苦如此纠结自省,毕竟,世界上还有很多更糟糕的事情在发生。

事实上,尽管听起来很混乱,但我们唯一的出路就是经历这一切。唯一的解决方法是相信存在另一种生活方式——也就是说,我们可以在生活中摆脱曾经受到的伤害,不担心未来的痛苦。如果你的内心一直无法自赎,始终坐在"9·11"恐怖袭击事件中被毁的世界贸易中心遗址,你就很难意识到这一点,但如果让自己经历这一切,那总有一天我们会感觉好起来的。随着时间的推移,一切都会变得更好,至于需要多少时间,取决于我们自己——取决于我们什么时候选择改变我们的当下;取决于我们什么时候决定花更多的时间创造我们想要的生活,而不是哀叹我们的遭遇;取决于我们什么时候意识到,所有人的爱、原谅或接受都不如我们自己内在已有的治愈力。

我盯着我的新朋友,她看起来脆弱又坚强,我想关心她、治愈她。我知道她的内心深处一定有裂痕。我能想象到她在孤独、痛苦的夜晚哭泣、尖叫、哀号,也能想象到她晕倒在亲人怀里的情景。我想把这一切都带走,想把她从痛苦中拯救出来——在我的想象中,这种痛苦日夜吞噬着她的灵魂。我想成为她的"百忧解",让她忘却失去亲人的事实。

然后我意识到,在那一刻,她不需要英雄,因为在那一刻,她已经摆脱了自己悲惨的过去。她没有怨天尤人,没有耽于回忆,也没有抱怨所有的不公,而是正视眼前的一切,回应眼前的一切:她吃着沙拉——虽然沙拉已经蔫了;她听着音乐——似乎很享受的样子。她跟我聊着天——我对于她来说是一个完全陌生的人,在异常沉闷乏味的时代广场上讲述平生的遭遇。她不需要有人永远地带走她的痛苦,因为她正在一点一滴地带走自己的痛苦。

我们每时每刻都在选择自己的关注点,选择说服自己的理由,总是希望拥有的好事越来越多,坏事越来越少,并且希望能更好地控制好事与坏事的占比。我们无法控制生活中的伤害,但我们可以控制忍受伤害的时间,以及对待伤害的方式。

从很大程度上来说,质疑自己为什么受苦没有任何意义,因为那只是延长了我们对现实的接受时间。刨根问底是人类的天性,我们打算找到答案,因为答案可能会赋予我们力量,帮助我们应对痛苦,对苦难坦然处之。带着这样的想法,我在推特上问大家:"世上为何有苦难?"

痛苦是老师

> 苦难应该被当作老师,它将教你了解自己和周围的世界。~ @d1sco_very

穿越痛苦，即得智慧

> 世间的苦难使人更聪明、更坚强。~ @ittybittyfaerie
>
> 没有痛苦，我们就不会从中吸取教训。没有痛苦，一切都是多余。~ @andrew2pack
>
> 我们经历苦难是为了了解和认识自己真正的力量。痛苦能让我们提高生活质量，向爱敞开心扉。~ @ditzl
>
> 不要为痛苦寻找理由，因为根本就没有理由，要接受它的存在并从中学习。~ @Mark10023

抗拒痛苦并不惜一切代价回避痛苦是人类的本能。事实上，在感知到危险时，我们会产生一种生理反应，它会告诉我们什么时候该逃命，或者在某些情况下果断放弃，因为我们无法像希望的那样迅速逃跑。就像动物会感觉到自己可能被吃掉，于是肾上腺素增加，从而得以逃脱——人类也是如此。早期人类也形成了一种精细的反应：斗得过就斗，斗不过就跑，从而得以在危险的世界中生存下来。这种反应源于大脑中产生恐惧条件反射的杏仁核。

现在的我们和早期人类的唯一区别是，我们不再像几个世纪前那样被狮子攻击，而是更有可能陷入虚妄的争吵或职业冲突之中。通常情况下，当我们开始又踢又叫时，其实并没有什么真正的威胁，只是担心一些潜在的不适。理智上我们知道，工作中的分歧或挑战不会杀死我们，压力也不会改变过去或将来的状况。但我们已经习惯于争夺对环境的控制权，而当事情可能失控时，

第一章 痛苦

我们就会恐慌。用又踢又叫的方式来躲避不适颇具讽刺意味，但有时我们会让自己感到痛苦，目的是确保没有任何事情或任何人可以让我们痛苦。我们之所以选择让压力和恐惧伤害自己，只是为了确保在其他事情可能会伤害我们时做好准备。

另一方面，我们一直在将痛苦浪漫化。例如我们总是喜欢阅读幸存者的故事，喜欢观看绝境中逆袭的电影和网络视频，喜欢引导我们内心的尼采哲学——不断告诫自己：杀不死我们的东西只会让我们更强大。从某种意义上来说，这样做是好事，因为我们在提醒自己，在经历了一段困难时期后，我们有可能重新振作起来。就像我们想象的那样，痛苦越大，内心就越坚强；或者说，旅程越艰难，结果就越有意义。我们相信受伤最深的人收获最多，对世界的贡献也最大。或者说，我们之所以乐此不疲地试图控制混乱的局面，是因为这可以让我们避免承认现在的我们和理想中的我们之间的差距。

在《当下的力量》一书中，埃克哈特·托利解释说，我们抓住问题不放，是因为问题给了我们一种认同感。对我来说的确如此。多年来，我把所有的痛苦都集中在枯萎的意志上。一次，我连续几周只吃少量味道寡淡、低热量的甜食，某天突然感到胸口一阵阵剧痛，像心脏试图逃离它的牢笼一样。我的腹部肌肉在腹腔中收缩、痉挛，我的思想在迷幻催眠的旋涡中旋转。我浑身湿漉漉、摇摇晃晃地瘫倒在浴缸外的地板上，祈祷哥哥或姐姐能从门口走过，听到我的喘息和求助，扶我上床。我一直在等待有人来救我，同时又暗自希望他们不会嫌弃我这个总是需要被"拯救"的人。

最后，我爬到厨房，躺在那里，脸颊贴在冰冷的瓷砖上，啃着一块苏打饼干，心里很踏实，因为我能感受到身体的疼痛。由于我极度虚弱，而且可能严重营养不良，我根本不需要去想生活中其他伤害我的事情，因为没有什么比现在的情况更危险了。身体健康损害的严重性，加上我的弱不禁风，掩盖了我内心深处的情感伤害。在这种持续的痛苦中，我感受到自己善于避免痛苦。我花了很多年才意识到，如果我不再试图控制自己的伤痛，我就会感受到一种痛苦，这种痛苦将教会我如何更加热爱生活，减少痛苦。如果我释放了那些让我感到安全的折磨，我就会从真正困扰我的不适中走出来，这样我就能减轻痛苦。

当我们认识到自己哪里受伤以及为什么受伤时，无论是身体上的还是情感上的，我们就能深刻地理解痛苦，并为此做些什么。但这意味着我们必须愿意放下伴随痛苦而来的所有戏剧性的情节、舒适区，甚至自尊，为更好地未来让路。在我们能够从痛苦中学习并在生活中做出积极改变之前，我们必须学会如何减少痛苦。一旦我们决定停止纠结、追逐和控制痛苦，我们就会拥有巨大的力量来塑造我们的世界。

当我们准备好从痛苦中学习，便可以接受任何伤害，并将其转化为好事。如果你因为感情问题而受伤，那么你的痛苦可能在告诉你，你需要找到离开的力量；如果你因为他人似乎不喜欢你而受伤,那么你的痛苦可能在告诉你,为了你的幸福,你需要停止依赖别人的认可;如果你因为你的思想在折磨你而受伤,那么你的痛苦可能在告诉你,你自己才是痛苦的根本原因,只要接受这一点,你就有能力让自己获得自由。当然,这一切都取决于一个最重要的问题:你准备好逃离痛苦了吗?

从痛苦中学习,做出积极的改变。

如果你感到痛苦、愤怒、怨恨或不甘:

• **找到让你痛苦的原因。**你是在重温很久以前发生的事情吗?你是因为现状对自己不利而感到痛苦吗?压制痛苦比解决痛苦更容易,但只有当你愿意承认你没有得到你想要的,以及这件事给你带来的感受时,你才能了解自己需要什么。下一步就是问问自己,伤害你的事是否让你无法自拔。你是否明明知道情况很糟,却仍然想要留在其中?只有当你明白自己为什么要抓住痛苦不放的时候,你才能将其放下。

• **感受痛苦。**不要试图隐藏、逃避、对抗或者逃离痛苦,而是要坐下来直面痛苦。它可能会让你感到不知所措,但你要知道,每一种感受最终都会转变。如果你停止抗拒,转变会发生得更快。深入其中，弄清楚为什么会感到痛苦，以及你想要改变什么。

- **确定这种痛苦教会你改变什么。** 如果你被过去的事情或完全无法控制的事情所伤害，你唯一有能力改变的就是你的思维模式与时间。这意味着你必须接受有些事情是你无法控制的，无须浪费时间去做无谓的抗争，因为当下——此时此刻，就是你拥有的一切。如果你正在为某件事感到痛苦，比如无益的情感纠葛，或者孤独，那么这种痛苦就是在告诉你，你需要继续前进，或者结识新朋友。一旦了解到苦难中的经验教训，你就具备了利用它的能力。你和自由之间唯一的障碍就是，你为什么不能拥有自由。

痛苦帮助我们发现快乐

如果没有苦难，我们永远不会彻底理解快乐。~@Sequential

唯有苦难才能让我们认识到幸福的意义，两者缺一不可。~@Laurie_AMU

别人的苦难让我施予希望、关怀和爱，我的苦难也

第一章　痛苦

赋予他人这样的机会。人性尽皆如此。~ @dgalvin22

苦难让我们知道世界有多美好。~ @cphilli3

苦难带来了欢乐、幸福、爱、慷慨以及所有美好的事物，使我们能够认识到它们。~ @LittleWordGods

在我们避免痛苦的本能的另一面，是对美好事物的持续渴望，西格蒙德·弗洛伊德称之为"快乐原则"。然而，值得注意的是，痛苦和快乐之间确实有着错综复杂的联系——不仅因为它们是同一枚硬币的两面，还因为其中一方会创造另一方。我们在经历压力或痛苦时，身体会产生内啡肽，拦截身体整合受伤的信息。这就是为什么很多人热衷寻求刺激的活动，尽管这些活动可能会导致身体不适，且愉悦的快感伴随着巨大的疼痛。

这也是人们吃辣椒的原因，因为辣椒中含有大量的辣椒素，这种化合物可以通过灼烧感触发疼痛感受器。在2008年《华盛顿邮报》的一篇名为"痛并快乐着"的文章中，作者安德列亚斯·维耶斯塔德介绍了他在世界"辣椒带"的旅行，旅行期间他为一本关于香料的书进行了研究。在莫桑比克、泰国和印度，他观察到人们在吃了一顿充满辣椒的晚餐后，精力和热情发生了巨大的变化。马普托的一名男子解释说，他们在吃辣的时候辣到哭，这样饭后就可以大笑。

同样的想法也适用于生活的许多方面。比如我们看悲剧电影是为了沉浸在情感故事之中，体验情感宣泄的感觉；我们选择在恐怖电影中观看暴力谋杀，因为我们想感受那些原始的恐惧——尽管我们永远不想真正看到或成为一个被致残或受尽折磨的人，但我们知道自己很安全，周围没有任何实际危险。我们会潜入冰冷的水池，然后又迅速浸泡在热水浴缸中，二者交替进行，享受在短时间内大幅改变体温的乐趣。还有，我们明知有困难和风险，但还是会接受职业和生活挑战。总之，痛苦铺就了快乐之路。有时，就像我之前提到的，痛苦越大，回报就越甜蜜。

痛苦除了为快乐创造条件之外，还能帮助我们生存——事实上，这是感觉良好的先决条件。在《痛苦之礼》一书中，保罗·布兰德探讨了痛苦的经历如何帮助我们理解我们能够做些什么来保护自己。他提到了一个天生没有痛觉的女孩，也就是说她无法体验任何与伤害有关的身体感觉。18个月大的时候，她咬手指一直咬到流血，完全没有意识到受伤的手指对她的健康构成了巨大的威胁。显然，正常人知道不能啃自己的肉，但如果没有疼痛，我们就没有保护自己所需的信息。这不仅适用于身体上的疼痛，情感上的痛苦也有助于我们为生存做出明智的选择。

我一直对幸灾乐祸的现象很感兴趣——通过看到别人痛苦而获得快乐，因为在一些让我十分痛苦的记忆中，别人看到我哭泣时，他们似乎很开心。芝加哥大学心理学教授琼·黛西迪最近的一项研究表明，当欺凌者看到别人受苦时，他们大脑奖励中心的血流量会增加；而没有表现出类似攻击行为的孩子则会对受害人感同身受。

第一章 痛苦

考虑到生物学可能影响了我小时候所经历的残酷，折磨过我的人可能错过了一个重要线索：他们无法同情他人，也无法与他人建立亲密关系，因此我对我伤害他人的能力产生一种崭新、合理的感激之情。对他人感同身受的能力本身就是快乐的源泉。因为我被伤得太深，所以我总是能感受到别人的痛苦。我可能不会一直对情感敞开心扉，但我一直在维护我所接受的那些情感。对于认识痛苦及治愈痛苦的能力我非常满意，并且永远心存感激。

痛苦之后的快乐并不总是一种互惠或公平的交易，如果我们必须经历生活中的困苦，不妨在痛苦之后找到一些美好的东西。当我在时代广场遇见那个女孩时，我十分清楚她永远无法选择自己的命运。失去所爱之人，并且如此凄惨，这让人无法接受。然而，我突然想到，在亲身体验了生命的脆弱之后，她可能会以一种全新的方式看待人生。我猜，在她的下一段感情中，当遇到困难时，她会闭上眼睛，回忆过去，珍惜现在的每一刻，因为一切终将消逝。经历失去至爱的痛苦会给她的人际关系带来全新的意义。

法国印象派画家奥古斯特·雷诺阿在生命的最后时刻仍在继续艺术创作，尽管他被关节炎和中风折磨得苦不堪言，几近瘫痪。在被问及为什么仍要坚持创作时，雷诺阿说："痛苦终将过去，但美好长存人间。"我不禁在想，他不只从痛苦中走了出来，还在某种程度上意识到这种痛苦赋予了他生命后期的作品一种全新的意义。当我们意识到我们在忍受痛苦的过程中得到了什么时，痛苦就会让我们有所收获。

让痛苦提醒你你喜欢什么、欣赏什么。

如果你受到伤害,似乎再也不会感到快乐:

• **思考痛苦在提醒你珍惜什么。** 如果你因为失去某人而痛苦,那么这种痛苦会提醒你珍惜与你所爱的人在一起的每一刻,因为生命是脆弱的;如果你因羞愧或遗憾而痛苦,那么这种痛苦会提醒你要活得正直、真实、诚实,从而激发自尊和自豪。

• **积极主动去享受每一天。** 不要担心彻底释放你的痛苦,这是一个需要努力付出的远大目标。专注于某个近期目标,激发你想要的积极情绪。打电话给某位老朋友,一起去探险,而不是永远只停留在想法上。做一些让你感到骄傲和激动的事情,不要为没有成功的事情感到羞愧。

• **好好疗愈自己。** 人在受伤时,很容易封闭自我,直到感觉好一点儿或能更好地控制自己时,才会走出来。但我注意到,当我非常需要放松或与他人联结的时候,按摩或拥抱等简单的快乐会让我感到更满足。所以,即使你认为自己会情绪激动,也要安排好疗愈。拉姆齐医学中心生物化学家威廉·弗雷的研究发现,哭泣会帮助我们释放毒素和应激激素,也就是说,哭泣通常会让我们的感觉好起来。

欲望和依恋导致痛苦

因为有欲望,所以才痛苦。~ @jazzmann91

当人们执着于物质财富和情感时,痛苦就会发生。理解失去和死亡会让我们解脱。~ @lindsay1657

人们认同自己的每一个想法,看不到世界的本来面目,他们只看到自己对世界的看法。~ @mullet3000

因为我们是有智慧的人类,因此我们想象自己可以拥有比现在更好的体验,并为这种差异而痛苦。~ @sarabronfman

只有当人们开始降低对工作、生活和人际关系的期望时,痛苦才会消失。~ @supriyaagarwal

假如你执念过甚,希望有些事永恒不变,同时又十分清楚世事无常,那么生活中没有什么比这种执念更有压力了。更痛苦的是,你发现了某种你认为自己必须拥有的东西,却无力得到。我曾经反复做过一个梦,梦中我想去某个地方,但身体却无法动弹。

我开始奔跑，但只是在原地慢跑，就像经典动画片中的大笨狼怀尔一样，即使被推下悬崖，悬在半空中，腿仍然在动。不管我如何努力，仍是动弹不得，我不停地挣扎、尖叫，希望有人能把我从动弹不得的痛苦中拯救出来。

这也是我的生活写照：我想象中幸福的终极目标总是躲着我——一段关系、一份工作、一次冒险……这一切的背后，是一种感觉。我拼命想要得到的总是一些遥不可及的东西；而当我得到它时，我的大脑又立即分配给我另一个痛苦的、无止境的欲望。实现目标并没有任何回报，有的只是一个让我畏缩不前的新目标。我怀疑很多人都是这样生活的：迫切想要达到某个高度，似乎达到之后就会更好。无论是现实生活，还是梦想中的生活，我们都对事物应该如何发展有自己的想法，都对生活和工作顺利的样子形成了自己的看法和期望。于是，我们会对这些情境、地点、人物和感情产生执念，想象着如果我们能得到它们并保持下去，一切都会很完美。具有讽刺意味的是，我们并不只关注那些看起来积极的事情；有时候，熟悉的可忍受的事情远不如未知的事物可怕。

青少年时期我曾经频繁接受团体治疗，期间遇到过一个暴饮暴食的病患，她和剃刀建立了长期的"亲密关系"。她的体重超过270斤，但即使在最炎热的日子里，她也穿着长袖衬衫——这与隐藏她的胳膊没有任何关系。有一天，治疗师告诉我们，她会穿着短袖衬衫来参加团体治疗。我当即感到有些震惊：这位专业

第一章 痛苦

人士竟然提前给我们打招呼,让我们准备好去看一只胖胖的手臂。我怀疑,等大家看到她肥胖的手臂时,是否有人会倒吸一口冷气。

当我停止胡思乱想,听到关于此人的预先警告时,这才得知这个女孩在自己能触及的每一寸裸露的皮肤上都割下了数百道纵横交错的伤口。即使经过多年的心理咨询,她仍然执着于这个危险的习惯,以麻木她情感上的痛苦。

几个月后,我发现治疗师也执着于她的痛苦之中。当时她正在经历一场混乱的离婚,她的丈夫曾经殴打过她,但她还是强烈反对离婚。依附是一种机会均等的本能,常常会忽视所有的理由。

关于执念的另一件有趣的事情是,即使我们的目标看起来是积极的,有时它也是一个有害的和限制性的选择。我们经常依恋我们认为自己需要的东西,而没有意识到它们所唤起的感受并不是这些东西所特有的。比如爱并不只存在于一段关系中;成就感并不需要由特定的工作带来;幸福并不是建立在重新创造过去的条件上;安全并不取决于控制未来,并按照我们想象的那样塑造它。老一辈可能也说过,生活中最美好的事情往往会让我们大吃一惊。"小智慧"网站上最受欢迎的帖子之一不到100个字,却收到了超过11 000个恶评。帖子是这样写的:

> 机会往往隐藏在最意想不到的地方。当你因生活没有达到你的期望而感到失望时,你越发不容易发现机会。迈克

尔·乔丹的高中教练把他赶出了篮球队，这可能促使他更加努力地训练，最终成为一名 NBA 超级巨星。本田宗一郎曾经想成为丰田公司的工程师，但遭到拒绝，这促使他创办了自己的公司。你永远不知道人生中的一次失望何时会铺就一条伟大的道路。你最近遇到了什么好运？你能做些什么而从中受益？

我怀疑这一点触动了人们的神经，因为减少欲望很少会让人感到安全，然而生活中一些最美好的东西来自选择放手。当我们决定事情并非要一成不变的时候，我们就创造了一种可能性，让事情变得比我们想象中的更好。这并不意味着我们不应该有需求，只是意味着，如果我们学会无所畏惧的索要，我们就能体验到更多的快乐。我们可以设想一个目标并为之努力奋斗，同时也要明白，即使目标没有实现，我们仍然可以体验到幸福。执念是假设我们确切地知道要让生活变得美好并保持美好，就必须发生什么；超脱是承诺要努力奋斗，然后无论发生什么，我们都能接受，都能让生活变得美好。前者抗拒不可否认的现实，不敢承认生命是无法控制的，生命中的一切都是无常的；而后者则允许我们不断成长，即使我们知道世事无常。

把欲求之痛转化为行动的快乐

如果你在为自己想要却得不到的东西而感到痛苦：

- **确定你想得到的是什么。** 是一份能让自己充满激情的工作？还是一段能让自己了解爱情的情感关系？现在问问你自己，你是否认为幸福存在于实现或得到这件特定的事物中？你要明白，这种"只有得到自己想要的东西才会快乐"的信念是一种幻觉，这种幻觉能让你放弃当下的快乐，因为它会让你感觉"总有一天"一切都会好的，但实际上这一天可能永远不会到来。幸福不是得到你想要的一切，而是感恩你所拥有的一切，并对自己面前的无限可能性保持开放的心态。

- **关注过程，而不是结果。** 为某个特定的目标而奋斗并没有错，真正让你感到痛苦的是这种欲求所带来的压力。与其关注你想要创造的结果，不如关注过程中的快乐。以"小智慧"网站为例，我从来不确定它的发展方向，也不知道会有多少人阅读。但我喜欢写关于这些话题的文章，喜欢与人们交流，让他们学会放下，获得安宁。当你专注于过程中的快乐时，你更有可能创造出积极的结果，保持前进的动力。

- **想办法在今天得到你真正想要的。**在具体的目标或愿望之下,存在一种更普遍的欲求。找到这种欲求。如果你想感受激情,就做点什么来满足你的激情。如果你想被爱,就从给予爱开始。打电话给家人或和朋友聚在一起做一些你喜欢的事情。有时,当你放开那些限制性的需求时,你就能更好地满足你的实际需求。

我们可以治愈彼此的伤痛

苦难只存在于缺乏同理心的世界中。~ @malengine

很多人把信仰寄托在想象中,而不是信任他人。我们需要彼此相爱。~ @Hey_Pato

这个世界上存在着诸多痛苦,只因为人们没有用积极的言行去化解。~ @SkyIsOpen

世人还没有明白,即使地球上有 6 861 638 344 个人,我们依然孤独。~ @witchy_di

一个更难的问题是:你正在做什么来减轻痛苦? ~ @UncleElvis

很明显,痛苦是必要的,尽管苦难是可以避免的。这似乎是

第一章 痛苦

在暗示，我们自己有责任将痛苦降到最低。如果这样做有困难，下一个合乎逻辑的结论是，我们应该隐藏痛苦，独自承受痛苦。我们中的很多人在成长过程中都知道，坚强意味着情感不能外露，绝对不承认脆弱。事实上，没人相信我们不会受伤，也不会脆弱，因为每个血肉之躯都会受伤，都会脆弱。

在生活中我们无法避免痛苦，如果真能避免，那将是很危险的，因为痛苦告诉我们，我们还活着，痛苦挑战我们、指引我们、连接我们。每个人在生活中都有同样的感受，只是在不同的时间，以不同的方式去领悟而已。不管你过去的生活有多痛苦，总有人能体会到你的失望、幻灭和愤怒。有的人可能看起来非常自信、沉着，但他也会感到不安和害怕；有的人可能看起来非常勇敢、充实，但她也曾拉上百叶窗，躲在被子里，哭得撕心裂肺、筋疲力尽。

痛苦不是软弱的表现，但独自承受痛苦则是软弱的选择。只有鼓起勇气直面自己的痛苦，我们才能相互依靠。为什么不这样做呢？既然你已经知道所有人都经历过同样的事情，知道大多数人都有同情心，为什么因为自己是个会感知痛苦的人类而感到羞耻呢？

2012 年，数起美国青少年自杀事件成为当时的头条新闻，这让人们意识到欺凌的危险，尤其在这个永远在线的互联网世界。我的亲身经历证明，当你觉得其他人都讨厌你时，你也很容易讨厌自己。所以，我完全能想象出这种骚扰蔓延到脸书、在线聊天和短信上是多么可怕。在这些悲剧发生后，作家丹·萨维奇和他的搭档在网上发布了一段关于同情和希望的视频。自此，一场名为"一切都会变好"（"It gets better"）的活动自发产生。在一些简单而有冲击力的视频中，一些名人以及一些普通人直视着屏幕，他们用和善的眼神和含蓄的理解提醒观众，无论事情看起来多么艰难，"一切都会变好"。这很容易让人产生怀疑，因为我们永远无法确定未来会发生什么，大多数人在生活中都经历过剧痛。如果我们还活着，那就表明生活可能在变好——即使不是全部变好，至少也是局部变好。

当我看着这些视频，想象着它们对当年12岁的我（当时的我处于极度绝望之中）有多大的治疗作用时，我想到：如果我们在他人到达生死攸关的地步之前，就已经伸出了同情之手，那会怎样呢？如果我们睁开眼睛，看到有人受伤，然后告诉对方我们也曾如她一般无助，但现在，我们会在她身边帮助她，那会怎样呢？

当然，如果受到伤害的人拒绝承认自己需要帮助，那么世界上所有的支持都将无用。艾米丽·贝泽隆在关于因欺凌而自杀的少年菲比·普林斯的文章中引用了"欺凌"的定义，称其为"涉及权力失衡的反复虐待行为"。根据这个定义，我清楚地发现，很多人实际上都在欺凌自己——我们剥夺自己的力量，把自己痛打得比外界的伤害还要严重。我们默默地折磨自己，以避免感到脆弱和自卑。

第一章 痛苦

在我所背负的所有负担中,最沉重的是我认为自己不应该受到伤害——有识之士觉得痛苦就像打在鞋子上的雨滴,而我却任由它像海啸一样袭击我,因为我太脆弱了。我确信只能把自己藏起来,用微笑和谎言包装自己,否则我就暴露了自己性格中最丑陋的缺陷。我开始意识到,当谈到痛苦时,我唯一的错误就是认为生活中不应该有痛苦;同时我也认识到,当我决定接受痛苦、承认痛苦,并从痛苦中成长时,痛苦就会减轻。悲伤、恐惧、厌恶甚至愤怒都能让世界变得更美好,只要我们有力量将它们引向美好。

世上为什么会有苦难?其实更重要的问题是:既然已经知道痛苦是不可避免的,我们又能为自己和他人做些什么?

让你的痛苦把你和其他人联系起来

与其独自枯坐、面对痛苦,不如:

- **诚实地告诉别人你正在经历什么。** 没有什么比自由地做自己更自由的了,你无须道歉,也不用试图保护自己不受评判。这并不意味着没有人会评判你——总有人会说三道四,这就是生活。但不管怎样,你都要诚实。被某些人嫌弃和误解是值得的,因为你知道你能得到更多人的爱和支持。

- **宣泄自己的感受，不要思虑过多。** 分享体验以寻求支持，和寻求听众但无意寻找解决方案，这两种做法之间是有区别的。无论你是和朋友交谈，还是和互助团体中的陌生人交谈，分享你的经历来寻求支持，和寻求一个无意找到解决方案的听众是有区别的。你要诚实地讲述你的经历，但不要让他人参与其中。你的目标不是创造一种身份，让别人不断地与你的痛苦联系在一起——你要分享你的痛苦，这样你就可以释放痛苦，让别人有机会了解你。

- **帮助治愈他人的痛苦。** 你知道痛苦是什么感觉，所以你能与他人共情痛苦。以你希望的方式去帮助对方。对我来说，这意味着当某人看起来心事重重时，我会问对方："我能帮上什么忙？"然后对他人的需要敞开心扉，不加判断或期望。在别人很虚弱的时候，给他一个大大的拥抱，让他知道你会和他在一起共渡难关。现在，你要做的就是，通过行动表现出你的态度。

第二章

意义

人生的意义是什么？

这可能是世界上最古老、最常被问到的问题：我们为什么会来到世上？在这个充满不确定性的世界里，我们始终需要弄清楚人生的意义，需要获得某种控制的假象，这是将我们所有人团结在一起的为数不多的事情之一。无论我们获得了多少，学到了多少，都无法逃避一个现实：没有什么事物是永恒的，很多事物是不可知的。

我们对可能失去的东西感到不安，对可能受到的伤害感到不安，对我们迫切地想要相信这一切都是有原因的感到不安。为了缓和这种不安，我们坚持认为这一切可能意味着什么——我们生活中的事对大局意味着什么，我们的成就对我们自己意味着什么，我们对遇到的人意味着什么，以及我们的生活在历史背景下意味着什么。我们永远无法确切地知道生命本身意味着什么，但我们可以在一个可能毫无意义的世界里，拥有有意义的人生。当我们意识到自己的行为可能是我们过上有意义的生活的唯一希望时，我们会感到茫然，因为目标是经过深思熟虑的、美好的、人们都愿意谈论的。如果我们不相信自己能发现人生的意义，并且按照它来生活，那么意义就会成为一种压力。

24岁时，我的梦想是在曼哈顿开办自己的工作室，成为一名百老汇明星。我不确定自己是否喜欢自己，但当我在舞台上尽情展现自己，倾尽全力塑造一个个虚构人物的时候，我确定自己爱自己。而且所有家人都知道我来纽约是为了出人头地。我渴望获得巨大的成功——将我表演时感受到的那一点点快乐，变成伟大的光环，让每个人都能看到、钦佩和尊重我。

去纽约很容易，但是到了那里之后想要有所成就却没那么容易。如果我不断努力，结果却失败了，我就不得不承认我不够优秀，无法达成我的目标。更糟糕的是，我还会证实家人的怀疑：我不够格，让他们非常失望。你可能一辈子都在远处看着我，永远也不了解我。但如果你看着我的眼睛，哪怕只有一秒钟，你就会确定一点：在我生命的绝大多数时间里，我都相信"洛丽·德切尼"这个名字的意思是"一无是处"。由于害怕在聚光灯下证实这一点，我躲进了狭小的住所。我想，如果我选择躲起来，那么我并不是不去尝试，只是在等待合适的时机。

当时，我找了一份电话推销员的工作，每天工作4个小时，住在一幢按周出租的单间公寓楼里——其实就是瘾君子、妓女和迷路女孩的栖息地。有时下班后，我会推着装满生活必需品的小旅行箱——生怕有人来到我的住处偷钱去吸毒——长途跋涉前去时代广场的一家网吧，找到一个相对没有那么臭的地方，在此过夜。我一头扎进分类广告网站，希望能够面对现实，找到答案，

第二章 意义

知道自己该做什么，知道自己该成为什么样的人。我在网上找工作，搜索合租的可能，浏览活动板块，幻想着自己可能会从事的爱好，甚至经常光顾柏拉图式的个人交友专区。虽然我建立了一些外围的联系，但我知道我不会真正地向刚认识的人敞开心扉，也不会接受新的体验。这就像我在为可预见的未来创建生活的愿景板，但本人却无意实现该愿景，基本上只是走个过场。我表面上"试图"充实自己的生活，暗地里却逃避这样做可能带来的风险。

在我上网的那个月里，我遇到了里奇和吉姆，两个无家可归的中年男子。他们看起来更像是郊区居民，被碾过雨水坑的汽车喷得满身泥泞。里奇和吉姆本拥有一家在线软件支持公司，该公司在"9·11"恐怖袭击事件后破产了。尽管资源越来越少，但他们仍然留在纽约，为了实现人生目标不惜牺牲一切。当我见到他们的时候，他们已经负债累累，两人的外套上都是洞，他们的服务器几乎要被关闭了。然而，我从未在他们身上感受到任何愤怒或沮丧，他们就像狂妄自大的孩子，为了获得黑带，每个人都在道场上和最好的柔道高手较量——如果他们获得了胜利和炫耀的权利，即使是大面积的瘀伤和血淋淋的伤痕也会让他们感觉很酷。

我立刻就想像他们一样勇敢。我当时在想，如果把我生命中所发生的一切都加以包装，表明我一直走在正确的道路上（即使有大量证据证明事实刚好相反），那会是一种什么样的感觉？我想知道，如果我只做自己真正想做的事情，而且是出于热情，抛开恐惧，也不排斥自己，那会是一种多么自由的感觉？我渴望那种盲目的信仰和勇气，希望他们能给我这种感觉。我想收集所有人的期望，把它们当作燃料，点燃垃圾桶里的火堆，温暖我们这个奇怪的三人组。

里奇和吉姆是我在纽约结识的第一批朋友，经过几个月推心置腹的沟通，我已完全信任他们。一天夜晚，严寒刺骨，我正准备离开网吧时，听到里奇对吉姆说，他们所住的收容所已经满了。他们连续工作了12小时，现在只能挤在公园的长椅上，希望不被冻伤，别染上肺炎，别被警察骚扰。我未经思考便脱口而出："我有地方住。"我的声音很大，不过我所说的"地方"指的只是一块2平方米的地板，这是唯一多余的空间，就在我的床旁边。

我知道我几乎不了解他们，但同样的逻辑似乎并没有阻止我与自己独处。他们俩在我的"鸽子笼"里住了两个星期——两人挤在一张充气床垫上，看着就像两把超大的、不相配的勺子。他们一大早就出发，去储物间换衣服，然后去网吧谈生意。他们总是"差一点点"就能达成交易。有一天，在收到多次逾期付款警告后，他们的服务器宕机了。他们所牺牲的一切、他们在街上熬过的所有寒夜，以及他们付出的所有努力全都付诸东流，让人感觉他们如此坚持与努力，却看不到任何希望与可能。

我仍然一无所有，但是希望看到他们成功。一方面我野心勃勃，渴望成功；另一方面我也出于好奇支持里奇和吉姆。如果我不能慧眼识珠支持他们东山再起，不能借助他们白手起家成功致

第二章 意义

富的势头，那我的担心可能会成为现实——我的人生毫无意义，因为我一事无成。我带着无比绝望的心情，拿出信用卡，向他们预付了700美元。他们必须继续前进，而我也必须坚持他们的梦想。

如果我的人生是一部电影，那接下来的部分则是电影行业中经常被称为"恶搞"的蒙太奇。你会看到他们在电脑前击掌庆祝，因为业务似乎呈指数级增长；你会看到我们三人在一起欢声笑语地玩耍，像喜剧影片中的拉维恩与雪莉一样，为一切顺利而欢欣鼓舞。作为观众，你知道我做了正确的选择——我的冒险得到了回报，他们正在创造一个赚钱的、打破历史纪录的企业。然后，你看到我独自站在房间里，藏在床底下的100美元现金不见了，里奇和吉姆也不见了，只剩下他们离开前爆掉的肮脏的充气床垫。此时此刻，那冲击力就像冰冷的铁砧一样猛烈地砸在我的脸上。

一瞬间，我失去了仅有的朋友，也失去了对生活的幻想，我的生活不再有意义。我怎么能如此幼稚和可悲？我步履蹒跚缓慢地走到镜子前，深深地凝视着自己空洞的眼睛。我喃喃低语，承认自己愚蠢、绝望、毫无价值，然后，突然暴怒地用力抓起镜子，狠狠地砸碎在地上，碎片散落在泄气瘪掉的床垫上。

如果可以选择，我宁愿永远瘫倒在那里，独自承受耻辱和悲伤，也不愿冒险走进这个世界，毫无疑问地证明自己一无是处。我担心，如果你打开字典，看到"洛丽·德切尼"，你会想，一张纸怎么能表达出如此散发着恶臭的、吞噬灵魂的空虚？

穿越痛苦，即得智慧

在我年轻的时候，我经常重复说一些词语来消磨时间。每逢涂色或单独做某项活动时，我就开始喃喃自语："冰箱，冰箱，冰……冰……箱……箱。"如果经常这样说，我会突然之间忘记这个词到底是什么意思，它甚至开始听起来像陌生的、编造的、空洞的——就像气球突然撒气了。我坐在地上，盯着破碎的玻璃片，试图麻木自己，不去面对可怕的选择所带来的屈辱。这时，我发现自己在喃喃自语"洛丽·德切尼"，同时想知道别人提到这个名字的时候是怎么想的。

我开始慢慢地低声呢喃，好像在对自己耳语。我看到地板上散落的玻璃碎片中自己的无数嘴巴在张张合合。然后我加快了一点儿语速，试图让这些词变得陌生。我一遍又一遍地喃喃自语，磕磕绊绊，吞吞吐吐，拼命地试图忘记它们的意义——忘记几年前我就断定这个名字毫无意义。然后，我睡着了，心里还在想着如果照镜子，会不会喜欢我所看到的自己。

那天晚上，我并没有任何自责。但遭受如此重创，我开始学着从失败中学习：空虚可以是一件可怕的事情，也可以是一件美好的事情，这取决于它来自哪里。你可能会沉浸在痛苦之中，觉得自己对这个世界毫无贡献，只是因为你还没有清楚地认识世界。或者你会感到一种既可怕又解放的空虚感，因为这意味着你已经放下了过去的自己，向未来敞开了心扉。这是一个充满可能性和光明的黑暗洞穴，是一种从过去的意义和未来的意义中解脱出来的自由，是一种感觉，让我感到一切都有了意义。

第二章　意义

艾米莉·狄金森曾经写道："活着已然不易，焉有闲暇他顾。"我常常在想，一个人能否活得如此充实，对日常生活充满敬畏，以至于根本没有时间为昨天而伤心，为明天而担忧，也没有时间被关于这一切意味着什么以及生活应该意味着什么的理论所吞噬。就在前几天，我读到一篇来自华盛顿大学和亚利桑那大学的研究报告，研究表明，善于简练有力地处理问题的人比肤浅的人更幸福。这说明，我们不能忽视人类想要更多的本能。我们不能假装没有其他东西的空间——不但有，而且有很多。生活给我们留下了很多独处和沉思的时间。即使是忙碌的人，也有时间和空间来填补，在他们的日常安排中，也在他们的脑海里。生活的美妙之处在于，不管它意味着什么，我们都能一起面对难题。我们不必独自坐在空虚中。只要相互交流，我们就能把空洞的困惑转化为正向的惊喜。

带着这样的想法，我在推特上问道："人生的意义是什么？"

人生的意义在于充实地度过每一天，享受每一天

人生的意义不在于追求快乐，而是享受追求过程中的快乐。~ @ac_awesome

人生的意义在于尽情享受生活，充分体验这个世界——从黑暗到光明，以及介于两者之间的一切。~ @Jay_Rey

> 人生就是学习、分享、永不放弃和享受乐趣。~ @lida4ibu
>
> 人生的意义在于变得真正幸福,心怀勇气和慈悲过好每一天。~ @puffinclaire
>
> 人生的意义是对你所遇到的一切敞开心扉,追求内心的渴望。~ @mmalbrecht

奥卡姆剃刀定律指出,最简单的答案通常是正确的。但人类在简单的答案上做得并不好。我们喜欢识别我们生活中的模式,这样就可以思考我们认为人生意味着什么。我们如此专注于过去特定事件发生的原因,以及我们能做些什么来让未来特定事件发生,以至于我们经常忽略现在发生的事情。要接受现实并不容易,我们需要故事——一个来解释我们如何来到这里的故事,一个指导每天日常的故事,就像你在电影中听到的永远睿智、永远平静的画外音。我们需要留给后人更多故事,这样在我们去世后,我们的人生就会有更多的意义,而非那种平淡无奇、孤独终老的生活。

如果生命的意义是充实地过好每一刻,这还远远不能令人满意,因为这并不能回答为什么这些时刻最终会耗尽。当你将某个时刻与对无限时刻的渴望对立起来时,那一时刻似乎永远都不够。威尔·杜兰特的《生命的意义》一书汇集了大萧条时期杰出人物的观点,辛克莱·刘易斯在书中探讨了死亡和宗教与日常享受的无关性。他写道:"如果我去看一场戏,我不会因为不相信它是由神创

第二章 意义

造和神指挥的，不相信它会永远上演而不是在 11 点停止，不相信它的许多细节会在几个月后留在我的记忆中，也不相信它会对我产生任何特殊的道德影响而减少我对它的喜爱。我享受生活，就像我享受那出戏一样。"

我怀疑，我们很难接受这种理念并专注于我们正在看的演出，因为我们理智地知道还有无数戏剧可以看，但是由于时间的限制，我们不可能全部看到。还有一个现实是，每部戏都是有价格的，你有义务在剧场外完成演出，而你对这些义务的焦虑可能会淹没返场演出。快乐不仅取决于我们是否决定坦然接受我们不知道的大事，它还取决于我们是否有能力暂时忘记我们所知道的所有小事——比如，我们的生活环境和快乐背后不可避免的挣扎。即使你享受人生的意义，也不可能每时每刻都在享受，而这会让那些不愉快的时刻变得毫无意义吗？

一个朋友曾经告诉我，乐趣是生活的意义。他因为热爱音乐，全身心地投入到电台的工作中，最终晋升为电台经理。他大部分周末都在冲浪、听音乐会、尝试不同的冒险，带着喜悦和惊奇的心情漫游在童真的生活中。他相信乐趣是一切的终极目标，所以他会根据这个标准来衡量一切。如果一件事对他来说没有乐趣，他就不会去做；如果觉得有趣，他就经常做。从我的角度来看，这种态度似乎太简单了，当然也无法有效确保一切都朝着好的方向发展。

这些年来，我花了很多时间观察这个朋友，他就像是一个我想要戳穿的假理论。我无法理解乐趣本身能成为一种令人满足的目的。大量研究表明，具备个体意义意识的人，比那些认为行为是随机和无关紧要的人更快乐。如果我们不相信自己拥有强大的内驱力，那么什么能推动我们度过那些无趣乏味的时刻呢？

渐渐地，我注意到这位朋友的一些事情：他和我们一样，也会遇到困难。当困难来袭时，他没有坐在那里思考这一切意味着什么，而是走出去做一些让他觉得有意义的事情。他并不享受生活中的所有事情，但他经常选择做自己喜欢做的事情，这样做会让他感到满足。

也许乐趣是生活的意义之一，但这只是我们做自己觉得有意义的事情的结果。通过选择做我们喜欢做的事情，我们就能将空虚变成充实。当我们专注于创造和享受乐趣，沉浸在各种让我们兴奋的事物本身中时，突然之间，理解最终的"为什么"似乎就不那么重要了。

在快乐中创造意义

如果你在追求目标的过程中太过严肃：
- 列出 3 到 7 件生活中你最喜欢的事情。这些事情不一定非要是惊天动地的大事，可以是一些简单的小事，比如在海滩上散步，骑摩托车，或者倾听宝宝的笑声。想想那些经常让你思考的活动，这才是真正活着的意义。

- **看看你目前的日程安排。** 你经常做这些事情吗？你在为自己找借口吗？也许是你日程繁忙、资金有限，或者有一些外部条件的限制。

- **在即将到来的一周中寻找空闲时间。** 即使你非常繁忙，也可以挤出20分钟或一个小时，甚至可以挤出一两天的时间。现在就利用潜在的空闲时间，充分利用。

- **计划每天做一些让你感到兴奋的事情。** 如果你喜欢动物，但从来没有养过宠物，那就利用午餐间隙去附近的公园转一转，找找小动物。如果你非常喜欢瑜伽，但又无法去上瑜伽课，那就在网站上下一个免费课程。计划每天做一个小活动，让你感到有活力，并与比自己更重要的事物联系在一起——哪怕只有15分钟。然后专注地做这些事情，不要把你的担心或恐惧带到当下。当你花时间去体验纯粹的、投入的快乐时，你既创造了意义，也开启了新的机遇，并有可能创造更多的意义。

穿越痛苦，即得智慧

人生的意义在于改变世界

> 让这个世界至少比你发现它时好一点点。~ @ealcantara
>
> 以身作则。~ @amadeoatthesun
>
> 我认为人生的意义在于创造。~ @Auraxx
>
> 我们要享受充实且充满乐趣的生活，而不仅仅是为了生存。人生就是要表达自我，认识自我，超越自我，服务他人。~ @wupendram
>
> 活出生命的意义。~ @RAZE502

有句话我曾经很喜欢——要么做大，要么回家。但它现在已经不能再引起我的共鸣。

我理解在万众瞩目之下做大事的吸引力。如果你过着美好的生活，却无人记得，那它真的发生过吗？这就是为什么我们把自己的名字刻在树上，埋下时间胶囊。我们想要一种感觉，即使我们的生命受到时间的限制，但我们对社会所做贡献的记忆将远远超过自己昙花一现的生命。这是我们生存本能的延伸：不惜一切代价活下去，即使我们终有一死，也要帮助后代取得进步，确保他们继承一个比我们所知道的更美好的世界。

如果目标是通往幸福的大门，而幸福不可避免地是短暂的，那么我们很容易会在不快乐的时刻认定自己的目标不够好，否则它会提供更持久且积极的感觉。但是，担心目标是否足够

第二章 意义

崇高或足够有价值，将剥夺你在生活中感受到的与目标一致的快乐。

在寻找关于生命意义的不同观点时，我发现了大量名人的书籍，其中包括我之前提到过的杜兰特的书，《时尚先生》杂志编辑瑞安·达戈斯蒂诺编写的《人生的意义：智慧、幽默和来自64个非凡人生的绝佳忠告》，还有《名利场的普鲁斯特问卷：101个名人对于爱、死亡、幸福和人生意义的思考》。这似乎意味着，非凡的成就在某种程度上赋予了一个人对生活中最重要之事的权威感。

当我向男友埃伦提及这一点时，他说，我们也喜欢那些普通人在其生活环境中找到人生意义的故事。

我祖父是个维修工，他已经去世15年了，但今天仍有很多人记得他。祖父曾在我两个叔叔儿时的棒球队当过教练，他始终把公平放在第一位。棒球队有44个孩子，他把他们分成四组，让他们在每场比赛中轮换上场。那些没能上场的孩子，不管他们的技术如何，下次都会轮流上场。这些孩子直到今天都很感激祖父的善良、体贴和慷慨。

祖父55岁在医院做搭桥手术时感染了葡萄球菌，失去了双腿。他本可以很容易对这一切感到愤怒，但他从未生气或自怨自艾过，甚至在感染从第一条腿蔓延到第二条腿之后也没有。那时他已经退休了，因为膝盖以下的部分都被截掉了，所以他只能坐在轮椅上。尽管如此，每次社区剧团排练时，祖父都坐在舞台中央，向记者推荐介绍我们的戏剧，还帮助剧团上了当地的新闻。之后，祖父获得了 56 频道独立精神奖，该奖项旨在表彰那些为社区做出杰出贡献的人。

在颁奖典礼上，祖父坐在椅子上，捧着奖杯，看起来既矮小又魁梧。当时我就在想，对他来说，真正重要的是他过着自己引以为傲的生活。如果你认为所有人都需要满足一些先入为主的苛刻的期望，才能过上有意义的生活，那你就是在摧残人性。真正让我们感到满足的是这样一种意识：我们利用时间的方式与我们自己的本能和价值观是一致的——我们正在以自己想要的方式实现我们想要的改变。

我们可以为改变世界而奋斗一生——我们可以敢为人先，尝试在别人之前做重要的事情，也可以不畏艰难，比其他人更好地做困难的事情。这是一种行事方法，也是一种有效的方法，但这并不是改变世界的唯一方法。我们可以选择去做有意义、有影响力的事，选择我们实现目标的方式。只要我们根据自己的真实想法为自己做出选择，就没有对错之分。人生的意义并不是我们所做的那些伟大的事，而是我们因忠于自己的本心而有所作为的所有时刻。

今天就着手改变世界

如果你不确定自己是否正在改变世界：

- **确定什么能让你为自己感到骄傲。**换句话说，你觉得回馈世界有什么好处？这并不需要你有一个贯穿余生的无所不包的目标，想想此刻你感觉做什么是正确的就可以了。如果你明天就离开人世了，你希望人们记住你什么？例如，"如果明天是我此生的最后一天，我希望人们记住我是一个帮助大家拥有更多快乐的人"。

- **认清你为追求意义所花费的时间的百分比。**如果你的一天是一张饼状图，那么你在朝着未来目标努力、规划、计划和奋斗中所占的百分比是多少，才能让你实现自己的目标？确切地说，你准备花多少时间让你变得更成功或更有影响力？

- **选择平衡方程式。**今天是你所拥有的一切，无论你的远大目标是什么，从小处着手，从现在开始。你可能还没有达到你认为自己需要的影响力，但在你的能力范围内，你可以做很多事情，这仍然会对他人产生影响。

爱是人生的意义

> 人生的意义在于与他人建立联系。~ @krillhei
>
> 善良是人生的意义。善良之人总希望他人幸福,内心从不藏污纳垢。~ @Scilixx
>
> 生命的意义在于活着,在于我们每天与他人的互动、善举和对他人的关爱之中。~ @JoshMPlant
>
> 人生的意义在于创造和热爱一切生命。~ @Jon-Maynell
>
> 生命的意义在于向你整个世界散发无私的爱和仁慈。~ @smokyogi

年轻的时候,我认为爱情是一种魔法,它像一个发光体,可以把两个人放在充满保护性的茧里。我认为当两个人相爱时,他们的心会同步,并一起转变成一种比任何曾经或可能存在的东西都更大、更强大的东西。

我完全相信这种魔法,而且随着年龄的增长,这种理想从未消失。即使在我了解到有些成年人离婚后彼此交恶,或者保持婚姻关系却互相指责之后,我仍然相信变革性的、包罗万象的爱是最接近真正魔法的东西。我相信总有一天爱会打开我的世界,并在无条件地接纳和爱的照耀下,治愈一切伤痛。

奥地利精神病学家、大屠杀幸存者维克多·弗兰克尔在其著作

第二章 意义

《活出生命的意义》中探讨了他在达豪、奥斯维辛和其他集中营度过的3年经历。在死亡与邪恶的包围下，一个人很容易变得痛苦、愤怒和逆来顺受。但弗兰克尔认为，如果人们有极其强烈的理由，他们可以忍受任何痛苦。他的动力之一是再次见到被监禁的怀孕的妻子。他会想到她的微笑、她的存在，以及当他们再次的重聚。弗兰克尔对妻子的爱帮助他忍受了惨无人道的折磨、幻想破灭的绝望以及巨大的痛苦。

基于这种理解，你可能会认为，当他最终获得自由，得知自己的妻子和大部分家人都已被杀害时，他肯定失去了生存的意志。如果对他们的爱让他继续前行，那么他们的逝去就意味着他将停止前行。事实上，弗兰克尔知道爱的力量能够不断地为他提供生命的意义，即使在爱人去世之后。

弗兰克尔讲述了他和一个失去妻子的男人的一次谈话。那个男人把妻子视为世界上最重要的人，当她去世以后，他感到绝望无助、郁郁寡欢。弗兰克尔问男人，如果是他先死了，留下妻子整天悲悲戚戚，情况可能会怎样？这时男人一下子就释然了，开始用全新的眼光看待没有妻子的生活。爱不仅仅是我们想要拥有的东西，它还可以帮助我们超越自我。当我完全沉迷于自我之中时，我会感到自己渺小空虚。我们需要的是爱，是我们创造和分享的事物。

从分享的爱中找到生命的意义

如果你觉得你没有找到自己想要的爱：

• **根据自己的经历，确定你可以帮助的人。** 你是否因为自己的奋斗而变得更有洞察力，更有共情力？所有人都休戚相关，发生在一个人身上的每件事都会波及其他人。如果外在的一切都没有对你产生积极的影响，你又如何通过你的爱来过滤它，从而对他人产生积极的影响呢？

• **关注别人对你意味着什么，以及你希望自己对他们意味着什么。** 如果这是你在地球上的最后一天，你会如何告诉你爱的人，他们对你来说意味着什么？你给他们的生活带来了什么不同？你在鼓励他们追求梦想吗？还是帮助他们找到了自己的目标？今天，你能做些什么来影响他们？

• **为陌生人做点好事。** 你可以做一件小事，比如为人开门；也可能是一件大事，比如帮助一个无家可归的人。有时我们忘记了自己只不过是一粒微尘，但当我们通过行动融入这个世界时，我们就会感到深深的安慰。

人生的目的是学习与成长

> 人生总有约束，我们要学会快乐地面对约束，而不是无视它们。~ @objo
>
> 人生是一段学习的旅程。停止学习的那一天，我们也就停止了生活。~ @kumudinni
>
> 科学通过生长和对刺激的反应来定义生物。因此，人生的意义是：适应环境，不断成长。~ @clairemoments
>
> 人生的意义在于从每一刻中成长、学习——感受生活，吸取教训，提升自己。~ @saumya6
>
> 人生的意义在于进化和联系。学习，适应，分享。~ @lindsayquinn

寻找生命的外在意义很像分析一幅画，这幅画看起来不过是随意甩在画布上的泥巴——抽象且令人困惑，却也透着一点点好看。我们可以在专注于学习的生活中找到平静和灵感。学习促进成长，随着时间的推移，我们可以用无数种方法来衡量。

你不可能把生活中的每件事都做好，但你可以做得比昨天更好。你不可能无所不知，但你可以循序渐进，每天学一点儿新东西。做出积极主动的选择，把每一件事都视为一个发展的机会——即使是痛苦、失望或沮丧的经历，以此培养强大的动力，一往无前。你可以回头看看自己去过哪里、已经走了多远，并为自己所创造的变化感到自豪。当你环顾四周，你就会知道，如果它们不令人满意，你可以一次又一次地改造它们，改造自己。这不仅是一种可行的选择，也是一种非常令人满足的驱动需求。你无法控制自己周围的世界，但你可以始终如一地选择如何适应和改变这个世界。

　　学习的美妙之处在于，它不仅仅涉及外部世界，而且还蕴含着一个不断发展的内部世界。有一天，你可能会发现，内在的激情推动着你实现自己的目标。你会发现，新目标要求你在"做"和"存在"之间建立一种平衡感。你的生活把身边的人团结在一起，你需要学会照顾自己的需求，学会照顾自己。我们会不断转变自己对目标和意图的理解。学习很像地心引力，是一种无形但强大的力量，无论你是否注意到它，它都会影响你。你总是在学习和成长。通过学习，你可以成为任何人；通过成长，你可以理解任何事情。

　　生物学认为成长是生命的决定性特征之一。不管我们是否意识得到，我们一直在成长。我们一开始只是一个无限小的细胞，然后分裂成两个，又分裂成四个，直到最终我们从婴儿到儿童再到成人，体内拥有七十五万亿以上的细胞。我们身体里的几乎每一个细胞都会在七年内再生，这意味着，我们在没有选择的情况下，以一种非常真实的方式，变成一个全新的人。我们的情感生活在这方面与我们的生理相似——无论我们是否选择改变，都会不可避免地对周围的世界做出反应。生活让我们不费吹灰之力地成长，而进化则定义了我们的生活。另一方面，有意义的转变是一种选择。

追求终身成长

为取得进步而创造和衡量成长：

• **每天早晨，问问自己：**"我怎样才能把昨天所学到的知识运用到今天呢？"比如你和朋友吵架了，你如何从中学到更多的自我意识，更好地与朋友相处呢？再比如你意识到自己不喜欢花这么多时间在手机上，你如何进行时间管理，摆脱手机的束缚呢？

• **每天做一些可以让自己成长的事。**敢于冒险，尝试一些新事物，无论是某种食物、爱好，还是生活方式。稍微走出自己的舒适区，看看你如何成长、发展。如果你愿意每天打开一点儿自己的世界，那么你的生活中就会有无限的可能性。

• **一定只拿自己和以前的自己比较。**把自己和别人做比较无疑是一种自我折磨，因为无论何时何地，你只能是你自己。因此，我们应当反其道而行之，与过去的自己相比，看看自

> 己有何进步。但重点并非成为最好的自己,因为个人发展永无止境,重点是要不断成长,每天进步一点点,同时要意识到旅程就是目的地。

赋予生命意义是我们的责任

如果试图给生活贴上标签,我们就失去了活在当下的机会。所以忘掉所谓的意义,尽情体验生活。~ @soulsutras

人生的意义是生活,不仅仅是生存。~ @Cadillac_Creek

赋予人生意义,就是将最美好的事物局限在一个纯粹的观念中。只有活在当下,才能找到人生的意义。~ @MrWaffleable

人生的意义就是赋予你的生命意义。愿你热爱生活,终生无憾。~ @Craig_Rattigan

人生本身是没有意义的,是我们赋予了人生意义。~ @getkaizer

当我在推特上问"人生的意义是什么"时,我收到了数百条回复,我知道很多人不愿意给出具体的答案,还有一些人在他们的推特上表达了这种情绪。正如谷歌公司的陈一鸣在推特上回应我的问题时所说:"人生的意义就是没有意义。"

你可以从多个角度来思考这个问题,从不同的科学、宗教和哲学角度来解释我们为什么会在这里——或者像阿尔贝·加缪思考的那样,到底是什么让人生有价值,值得活下去?我们该怎么做?这一切将引向何方?让-保罗·萨特曾经这样写道:"一旦失去了永恒的幻想,人生就失去了意义。"但这是否意味着我们需要知道我们从哪里来,或者我们将选择以一种对我们来说有意义的方式来度过此生?

也许这不失为一件美好的事情。人生的无限意义使我们每一个人都能适应生活。任何一天,我们都可以在醒来后决定我们想成为什么样的人——无论是勇敢、快乐还是智慧,然后通过行动体现这些品质。任何一天,我们都可以决定放下往事,书写新的人生故事。任何一天,我们都可以决定放弃旧目标,创建一个更符合个人需要的新目标。当世界在我们身边崩塌,让我们迫切地希望得到答案时,我们可以决定这一切都结束了,还是刚刚开始。当我们所爱之人离开我们的生活时,我们可以决定这意味着他们带走了所有快乐的希望,还是意味着他们为新的生活留下了空间,新生活将让我们实现我们从未想过的梦想。每一件事的意义都始于我们的解读,也终结于我们的解读。

人生的意义是什么?我不知道。也许这样提问可能更好一些:"对于那些对我们有意义的事情,我们正在做什么?"

第三章
改变

人能改变吗？如何改变？

"有些人永远不会改变！"

当有人让我们失望时，我们经常会产生这种令人沮丧的意识，并且这种情况会贯穿一生。当某个人被其他所有人放弃时，你却选择相信他。你很理想主义，但他还是让你失望了。你给了某人第2次机会，或者第3次、第4次……第100次机会。当她一再利用你的信任或善意时，你还是会感到目瞪口呆。事实果真如此吗？只要有足够的意志和决心，任何人都能改变吗？

研究表明，我们的性格在童年时期便已形成，性格决定了我们的行为。1884年，科学家弗朗西斯·高尔顿提出了词汇假说，为我们之间最重要、最具社会意义的个性差异创造了词汇。1936年，戈登·奥尔波特和亨利·奥德伯特确定了近18 000个描述性格的词语。随着时间的推移，这些词汇逐渐缩小范围，并进一步提炼为"五大人格特征词汇"，即经验开放性、亲和性、尽责性、神经质和外向性。这些都是从对个性和语言的广泛研究中发展而来的。

从某种程度上来说，我们拥有所有这些属性，但每种属性所占比例不同。没有人是完全神经质的，也没有人的情绪是百分之百稳定的，更没有人是完全外向或完全内向的。最新研究表明，我们的性格并不是一成不变的，而是随着时间的推移不断进化和成熟。如果我们愿意，我们可以一生学习、成长。我们无须主观地把自己归类为特定的、具体的某类人，无须相信我们无力改变自己的性格。学习新技巧可能会比较难，这很大程度上取决于我们的信念。

在来纽约市之前，我从马萨诸塞州搬到华盛顿州，和一个网上认识的陌生人同居了。当时我想，克服痛苦的最好办法就是迅速远离以前的生活环境。结果失望地发现，这份感情并没有把我拯救出来。

直到我旅行了 6 个月之后，我才决定移居到纽约这个城市。我认为自己最大的优点就是我的勇气——我愿意冒着巨大的风险，搬家、换工作。改变的背后是一种信念：我唯一的希望就是以某种方式超越自己。

在我那两个有抱负的企业家"朋友"里奇和吉姆离开后不久，我哪里也不想去，蜷缩在 5 楼肮脏的房间里。也就是从那时，我开始考虑我的不幸可能是上天恩赐的礼物。我坐在窗边，一根接一根地抽着烟，大口大口地灌着威士忌。我意识到没有人会比我自己更不喜欢我自己。我正处在开启改变的最佳位置。

没人能让我从自我幻灭的根源上转移注意力，没人会给我一张慢慢恢复的许可单，没人会让我永远活在别人的视野里。我住

第三章　改变

在哪里并不重要——如果我不学会融入这个世界，那么无论哪里都将是一座监狱；我赚多少钱并不重要——钱只会给我买更多的高跟鞋，摆在破烂不堪、虫子滋生的床下，看起来委实可笑；我是否有一份自己喜欢的工作并不重要——那只会让我更加难以接受我不爱自己的事实。恰恰就在那时，在一个完全不完美的世界里，正是改变自己的最佳时机。我只有一个选择：鼓起勇气开始改变。

一周后，我报名成为一家瑜伽馆的志愿者，以换取免费课程。我以前上过几节瑜伽课，有两件事让我印象深刻，记忆犹新：一是当我呼吸缓慢、思维减速时，内心深处极为平静；二是当教练把我的腿推到一个打开臀部的姿势时，我感到极度痛苦不适。我想要更多的平静和痛苦。前者是因为我感觉很好，而后者是因为我想更好地适应生活中不可避免的痛苦。

每天晚上 6 点，我都会从加高的双人床下抓起瑜伽垫，穿过 3 条街来到瑜伽馆。不管白天感觉如何，不管有没有收获，我都要回到瑜伽垫子上。

在瑜伽馆前台工作期间，我有机会了解到很多关于老板的事情。老板告诉我，她有近 10 年的烟龄，现在正在慢慢戒掉。我承认，我曾不止一次站在第 37 街和第 8 街的拐角处，一手抓着瑜伽垫，一手拿着香烟，吞云吐雾间给自己贴上了"世界上最大的伪君子"的标签。我不能仅为迈出积极的一步就沾沾自喜，而是必须自责没有跨越"我是谁"和"我想成为谁"之间的巨大鸿沟。

穿越痛苦，即得智慧

瑜伽课结束时，每个人都要做最后一个体式，即"萨瓦萨纳"挺卧式：在垫子上静静地躺一会儿，让身体吸收课上训练的效果。此时我全身大汗淋漓，身体仰卧，闭上眼睛，在一屋子人中间放松，这让我有点儿想吐。课程结束时，我大都会踮着脚尖走出教室，而其他学员则沉浸在一种开放、平和的幸福状态中。两个月后的一个晚上，我挑战自己要留下来。起初，我的身体反对这个计划，胳膊和腿都在颤抖，牙齿在打战，同时感觉到整个身体被拉向门口。也就是说，上完动态冥想课，我想马上回到自己的窝里。我暗示自己，我可以随心所欲地对抗自己的身体，但不会在3分钟内起身；如果我愿意，我甚至可以享受这一过程。神奇的是，这种暗示奏效了。我不知道自己是否经曾经历过一种没有阻力的平静状态，至少在我独自一人的时候没有。

下课后，我完全摆脱了平时的焦虑、恐惧和压抑，甚至称赞了一位女士五彩缤纷的瑜伽包，还对另一位女士说她的动作激励了我。当她请我去吃夜宵时，我顺口就答应了。

随后我就后悔了，因为我想："出了瑜伽馆，她可能就没这么友好了。"我想离开，糟糕的是，我至少一个小时不能抽烟了。当我们一起走向街边的三明治店时，我摆弄着头发，咬着指甲，试图满足紧张的能量需求——因为我的身体正尖叫着催促我跑回家，往嘴里塞5根万宝路香烟，以弥补失去的时间。

直到今天，我都不知道这位女士对我说了什么，当时我脑子里一片混沌，根本听不进去。瑜伽课上创造的所有开放性都被焦虑和恐惧所替代，但我已经别无选择，无法回头，唯一的选择就是应付完这顿饭。我相信自己会挺过去，然后尽快跑回安全的地方，就像什么都没发生过一样。我很快就会独自一人了。

就在我内心漫骂发泄之际，烟盒突然从我的口袋里掉了出来。也许这是我自己的意愿使然；也许我根本就没把对方当作朋友；也许我是出于习惯，试图破坏这段新的关系——如果我没有一味地证明自己是一个装模作样的人、一个热爱瑜伽的人，我们两人之间的关系肯定会越交往越深、越有意义。不管出于什么原因，这下我是完全露出了马脚，并非表面看起来的那样。我是个骗子，一点儿也没改变；我意志薄弱，本质上很坏。

现在，我收回之前写的内容。事实上，我永远不会忘记当我这位瑜伽同学看到那盒烟，听到我坦白自己想戒烟时所说的话。她说："亲爱的，你做得很棒。我知道这真的很难，别放弃，坚持回来上课，我相信你肯定会成功的。"

这个女人几乎不认识我，而我也一直打算暗中抛弃她，没想到她却无条件地同情我、关心我。她没有将注意力集中在我所做的错事上，没有纠结于我无法立刻把自己的生活变得健康、幸福，没有因为我的缺点而评判我，也没有根据我所面临的挑战对我做出笼统的假设。相反，她意识到我做了一个积极的选择，而且如果坚持下去，我肯定会逐渐发生改变。她把我看作一个完整的整体，看作是优点和缺点的总和。我不应当感到羞愧，而应当感到骄傲，因为目前我的做法没有什么问题，只是我的选择需要改进，而我也正在努力。我不是个软弱的人，只是有时会屈服于自己的弱点。我不是个坏人，只是有时会做出错误的选择。不管怎样，我都值得得到别人的理解，不应被人忽略，而应得到关爱。

不管我们想要改变什么行为，我们都是值得被爱的人，而且我们都具备改变的力量，即使我们有时的抗拒像激流一样势不可挡。我们做不到总是敞开心扉迎接新的可能性，但这并不意味着我们没有这个能力；有时候我们可能不太友好或不太富有同情心，但这并不意味着我们每天都要谨小慎微、自我封闭；我们可能会经历高压和不安全感，但这并不意味着我们需要一直带着担忧和恐惧来体验这个世界。任何一天，我们都可以改变自己的行为方式以及与他人互动的方式，做出不同选择的行为本身就是改变。我们能否维持这些变化很大程度上取决于我们的信念和我们对自己的暗示。

大多数人对别人比对自己更有同情心和耐心。如果你的朋友很难改变自己的饮食习惯，你永远不会对她说，她一无是处；如果你的家人不敢出去认识新朋友，你不会责备她。但是，你会因为自己的缺点和遇到的挫折，对自己和自己的性格做出武断笼统的结论。我们期待立竿见影的效果，一旦感觉进展不够快时，我们就会感到沮丧和失望。如果变化没有立即发生，如果我们不能通过对世界的巨大改变来认识到变化，我们就会认为变化没有发生。这种听天由命的感觉正是让我们陷入困境（更准确地说，是感觉陷入困境）的原因。

第三章 改变

实际上，我们有能力摆脱困境，但让人困惑的是如何摆脱。考虑到这一点，我在推特上问道："人能改变吗？如何改变？"

改变始于思想

> 当人们意识到改变的乐趣大于保持不变的痛苦时，他们就会改变。~ @AdamHansen
>
> 人们改变的原因之一是因为他们能够自学成才。~ @Queen_Isis_24
>
> 我们能够也一定会改变，只要我们意识到"我的想法"和"我是谁"之间的区别，并付诸行动。~ @MrWaffleable
>
> 当我们不再认同自己的想法、观点、概念、信仰和判断时，改变就发生了。~ @mullet3000
>
> 一旦我们试着从不同的角度看自己，我们就会改变。~ @skaterearth

自从个人发展行业出现以来，我们越来越坚定地要提升自己。2007年，加拿大《国家邮报》将职业培训指导列为美国发展第二快的职业。虽然这种指导主要是为了帮助人们获得职业上的成功，但其中也涉及识别和挑战阻碍成长的恐惧、态度和想法。有时我们太想看到外在的改变，以至于忽略了至关重要的一步——尚未

穿越痛苦，即得智慧

评估阻碍我们前进的各种信念。

亨利·福特说过："不管你认为你行还是不行，你都是对的。"改变也是如此：如果你认为自己不行，那你就不行。我们一生中形成的信念限制了我们所做的选择。有时这是一件好事。如果你认为自己是个善良的人，而善良的人会照顾别人，这也会限制你的选择，但也可以防止你踢别人的脸或在工作中抢别人的功劳。在这方面，这种信念会引导你做出让你自我感觉良好的选择。

创办"小智慧"网站之前，我第一次开始使用博客时，写了一篇题为"经济糟糕的10个原因"的文章。当时我有一种感觉，认为这篇博文会引起强烈的反应，因为大多数人对经济安全下降感到恐惧和压力。我的理论是，如果我们能改变对经济崩溃这一不可改变的事实的看法，我们就可以感受到个人力量的增强。

事实上，失业导致人们改变生活方式。当你第一次不情愿地做出牺牲时，你可能会认为新的现实会让你不快乐，因为生活依然具有挑战性。一旦你这样认为，你就会寻找证据来支持自己的想法。每当你不得不放弃某些东西时，你就会情不自禁地想到以前的生活有多美好，以及你抵制新现实是多么正确。另一种选择是，当你倾向于形成这种信念时，就会去挑战它。不要认为所有的牺牲都是痛苦的，你可以将其想象成一次机会，让你变得更加智慧，并对你仍然拥有的一切表达感激之情。你形成的信念会决定你的感受、想法和行为。狭隘的信念让你郁郁寡欢，自我封闭，

第三章 改变

而豁达的信念则让你拥有更多的可能性。

心理学家建议，我们不要固执地坚持某个信念，除非这样做会有某种回报。我们不会故意选择陷入困境和不快乐。我们之所以坚持这些信念，因为它们给了我们一些我们认为自己需要的东西。所以，假设你想改善你的财务状况，但在你成长的过程中，你的父母总爱用不好的话来指代富人。如此一来，你可能已经形成了这样的信念：你不可能既是一个好人，又是一个富人。无论你如何努力改善自己的处境，你都会感觉到一种内在的自我破坏倾向。

信念的困难之处在于，有时它们暂时起到作用，但之后就变得多余了。12岁时，我形成了这样一种信念：如果我不离开家上学，就不太可能受伤。在当时，的确如此。因为我在学校受到了折磨，所以如果我不去上学，其他学生就无法伤害我。当然，这不是逃离骚扰痛苦的唯一方法，也不是积极主动改变事情的方法，但这肯定是避免那些不舒服感觉的一种方法。这是一个有效的信念：远离事情的起因，将影响降到最低。后来，这种信念对我不再有用，原因在于待在家里给我带来了很多痛苦，我们这些社会性动物生来就不适合被圈养。

前几天，我在今日心理学网站（PsychologyToday.com）上读到一篇文章，文章引用了一项关于限制性信念的有趣研究。研究人员在长方形鱼缸中间放置了一面玻璃隔板，每次鱼缸里的金鱼试图穿过鱼缸时，它们长满鳞片的小脑袋就会撞到玻璃墙上。

时间一久，金鱼习惯于待在鱼缸一侧，避免遭遇它们想象中的痛苦。即使研究人员最终移除了玻璃隔板，金鱼也从未尝试探索鱼缸的另一侧。它们的限制性的信念使其局限于自己已知的世界，尽管它们显然曾经想要了解另一侧，而且它们现在可以很容易地进入其中。

改变想法能改变生活吗？就其本身而言并不能，但你必须通过改变你的想法来改变你的选择，这将影响你的生活。

挑战限制性信念，创造改变

如果你怀疑你的信念阻碍了你：

• 列出"我不能改变"的借口。从简单的问题开始：为什么我不能（减肥、戒烟、保持健康的关系、换工作等）？写下所有能想到的事情，所有你认为是真实的不同的事情。你认为，你不能减肥是因为自己太虚弱了？你因为工作压力太大无法戒烟？你无法拥有一段健康的关系，因为你有太多的精神包袱？

• 强调所有未经证实的事情。仔细检查你的借口，找出它们的漏洞。其中一些借口可能是有效的，但大多是伪装成事实的限制性信念。你的虚弱并不是事实；工作压力大的人需要通过吸烟来应对压力，这一点尚未得到证实；你有"太多的精神包袱"（多少包袱才算合适？）有精神包袱的人在恋爱中不可能快乐，这一点也未得到证实。你不妨这样想：你最好的朋友如果摆出这些借口，你会挑战他的什么信念？

• **在通往自由之路上多问几个"为什么"**。问问你自己：我是什么时候形成这个信念的？它是来自别人还是来自我自身的环境？我为什么要坚持这种信念？我能得到什么回报？我不采取行动感觉会更好吗？为什么放下这种信念如此重要？如果我考虑到这种信念可能不是事实，那我能创造出什么样的惊人条件？为什么我一直在自说自话，而不是今天就行动起来，改变这种我很明显想要改变的状况？

你必须真的想要改变

人是可以改变的，但前提是他们想改变——这需要勇气和意愿去经历变化带来的一切。~ @quietdream625

当人们不再欺骗自己时，他们就会改变。真相会让你自由。~ @miss_morrison

> 从内部改变的愿望对于在人生之路上前进至关重要。
> ~ @FeliciaOnFire
>
> 成长允许改变。只要你在精神上和心理上不断成长，就有可能发生改变。~ @HauteinLA
>
> 为了去往某个新的地方，你必须知道自己现在身处何处，以及你为什么想去那里。~ @MsEmilyAnarchy

当我们经历环境变化时，大脑中会发生一些非常有趣的事情。还记得我之前提到的"斗得过就斗，斗不过就跑"的反应，以及杏仁核吗？当我们的环境发生变化时，同样的恐惧条件会将我们推入恐慌模式。有趣的是，冥想的人可以调节他们的杏仁核，通过锻炼其恐惧反应和其他情绪防御，从而完全敞开心扉。如果我们想让自己进行改变，也需要做同样的事情。

你是否曾经确定自己想要在生活中做出积极的改变，却发现遇到了巨大的内部阻力？你知道这样做的好处，而且意图也很好，但潜意识里，你却深陷泥沼、难以前行。这并不是说你努力激发动力或克服不适有什么问题。你的大脑正在为你认为你想要的东西设置障碍——鉴于这东西是如此可怕和不同，迫使你质疑你是否真的想要它。这正是为什么我们嘴上说我们想要一件事，但结果却又会做完全相反的事情。比如，多年来我一直在说我想融入世界，成为世界的一部分，但每当我在一个不可控的环境中待太长时间，就会喘不过气来。杏仁核感知到巨大的变化，然后为即将到来的厄运做好准备。

《思维与大脑》一书的作者杰弗里·施瓦茨解释了我们的大脑是如何形成限制我们改变能力的想法的。我们反复告诉自己的事情形成了"心理地图",为我们在生活中所期待的事情做好了准备。然后,我们倾向于按照我们预期的方式去体验现实,不管事实是否如此。

我的一个好朋友总是对我说,她不喜欢自己的工作,总想找时间做一些更充实、更赚钱的事情。然而,她从来没有研究过其他职业,也从未考虑过参加培训课,甚至从未试图想象一个对她来说并不无聊的未来。她耗费了大量的精力来哀叹事情的现状,却从未采取任何措施来改变现状。我怀疑这与她过去的两个关键因素有很大关系:一是她有一个高等学位,但这并没有帮助她找到一份好工作;二是她被解雇过几次,而且都是她不喜欢的工作。根据我们二人之间的谈话,我推测她认为自己无论做什么,都找不到一份好工作——即使找到了,可能也会搞砸。如果她使用的是她根据过去的经验建立的"心理地图",那么这种逻辑可能说得通。但未来并不一定会重演,她可以选择改变。

探索新领域的最好方法是创建新的"心理地图"。研究表明,与别人告诉我们该怎么做相比,当我们有自己的见解时,我们能最有效地做到这一点。这就是为什么建议经常不起作用的原因:为了让我们克服思想和条件的不适,我们真的需要有自己的顿悟。即使我告诉我的朋友一百万次她可以通过换工作来改变她的生活,最终也不会有效果。她必须自己得出结论才行。

那么我们如何得出这些新结论呢？当我们还没有完全参与进来，也没有任何其他人告诉我们可以改变的时候，我们怎么能开始实施改变呢？当我们的抗拒和我们的欲望一样强烈，甚至比欲望更强烈时，我们如何挑战自己的抵抗力呢？意识是第一步。人们说给一件东西命名就意味着拥有控制它的能力。一旦我们意识到某些生理因素在起作用，我们就更容易走出自我，可以有计划地绕过这种因素。所以这并不是说我们软弱或无能，而是说我们需要更多的材料来构建一个全新的、有效的心理地图。

我们可以聚沙成塔，集腋成裘，逐渐改变。通常我们认为，如果我们没有影响到重大变化，那么变化就不会发生，但这只会引起我们的焦虑，触发我们的杏仁核。巨大的变化总是令人恐惧的，但微小、可控的步骤会慢慢地重新规划你对正在创造的生活的期望。如果你对可能的工作进行头脑风暴，然后今天打两个电话，你会发现采取一个简单的主动步骤并不像看起来那么可怕。一旦你明白了其中道理，你可以考虑再打几个电话。再说一次，我们没有理由去预测灾难。这种方法同样适用于开始一个新的锻炼计划。如果你平时不爱运动，却想着去跑马拉松，你可能会被吓到，不知所措，对自己感到失望。但如果每天坚持慢跑 10 分钟，那成功的机会将会大大增加。

时不时地，我会在推特上提问："今天我能做些什么来帮助或支持你吗？"这是我提醒读者的方式，只要他看到这个问题，就会明白我们并非孤立无援，有人愿意帮助我们。最近有人问我："当你感觉整个世界都在崩塌时，你会怎么做？"我回答说："我会暂时不再试图把一切拼凑起来，而会处理好自己的情绪，然后开始一点点地重建。"

这是任何事情发生改变的唯一方法——循序渐进，聚少成多。让自己在没有瞬时转变压力的情况下运作不仅是慈悲的表现，也是应对你和我每个人面临的精神挑战的最聪明的方法。

创建新的"心理地图"

要开始创建增量变化：

- 认清这种生活方式给你带来的痛苦。心理学家埃德加·沙因指出了行为改变的 3 种前兆：感觉环境会导致痛苦或不满；生存焦虑，也就是说意识到如果不改变，就会十分痛苦；第三种是心理安全，也就是说你可以放心地探索、犯错，不用担心后果。从痛苦开始，问自己几个问题：这种行为给你带来了什么痛苦？你是否因此而陷入经济困境？它是否会威胁到你的健康，限制你每天的快乐？

- 寻求帮助来形成你自己的见解。这也属于"心理安全"

的范畴。当你得到朋友、教练、治疗师或团队的支持时，探索新的可能性总是感觉容易得多。这里的目标是挑战让你矛盾和停滞的期望和态度。不要去找那些总是好为人师、给你建议的朋友。你需要一个能帮助你忘却和重新学习的人。我们的目标是让你自己顿悟那些让你陷入瘫痪的态度。

- **每次只改变一点点行为。**一旦你确定自己真的想要做出改变，那就从一点一滴开始做起。不要试图立刻改变生活中你不喜欢的一切，而是要选择某种行为，知道你可能不总是做得完美，并努力使其成为一种常规。如果你创建某种类型的积极反馈系统，无论是记录自己的成功还是加入互助团体，都会有所帮助。当你对自己所做的事情感觉良好时，自然就不需要那么多努力。

坚持带来改变

人能够发生改变，坚持是关键。有了一致性和稳定性，清晰和成熟很快就会随之而来。~ @YogaStudioSouth

改变需要敞开心扉，反思自己真正想要改变的是什么，抓住这种行为，逐步一点点地改正。~ @glaughlin

第三章 改变

> 记住，以你想成为的人那样行动和思考，你就会逐渐成为那种人。~ @debismyname
>
> 人们只有在他们真的想改变，并且每天都在为之努力的时候才会改变。~ @ngageguy
>
> 人们通过有意识的生活和意识来改变。~ @amourabunny

有时候，尽管我们特别希望能始终如一地坚持，但生活却会阻碍我们。举个例子：曾几何时，如果这是我锻炼的唯一选择，我会把闹钟设置为早上 5：30。在过去的一年里，我唯一能坚持活动的身体部位是我的手腕和嘴巴。每天晚上睡觉前，我都会告诉我的男朋友埃伦，经常锻炼让我精力充沛、精神集中、心情愉悦。尽管我知道锻炼的好处，也知道一旦我再次把锻炼作为一种习惯会有什么感觉，但我还是列出了一大堆冠冕堂皇的借口，把健身放在次要位置。通常的借口是日程繁忙，但我怀疑其中还有两个更大的原因。首先，我的态度比较极端——如果不能像几年前那样每天锻炼两小时，那我就干脆放弃锻炼。其次，因为我实际上十分娇小，虽然这样说自己可能有点儿肉麻，因此还没有不舒服到迫使自己改变的程度。不过，我要阐述的重点没变——我说过我想要锻炼，但后来却经常做不到。

我们中的大多数人都想要改变，但在看到任何结果之前就失去了动力。你可以在网上找到成千上万篇关于如何养成新习惯的文章，其中大多数都建议花 21 天时间来养成一种新习惯，这样它就会变成本能，而不需要钢铁般的坚强意志。然而，研究表明，这并非确凿的科学事实。麦克斯威尔·马尔茨在他的著作《心理控制术》中提出了这个想法。马尔茨解释说，截肢者通常会在失去四肢后的 21 天内出现幻感。在此基础上，马尔茨提出，我们的大脑只有在连续 21 天做某件事时才会产生神经通路和连接。过了这段时间，任何新的行为都变成了死记硬背的生活方式。

后来的研究表明，没有什么神奇的数字——没有什么所谓的万能最佳节点，可以让一种行为突然变得自动且容易保持。也没有任何具体的证据表明，我们需要连续工作一定的天数，否则我们所有的努力都是徒劳的。创建这种规律性可能会有所帮助，因为如果我们认为每天都很重要，我们就不太可能恢复到以前的行为。但从另一方面来说，这只会加剧非黑即白的思维，认为要么全有，要么全无。但事实并非如此。

或许，最好的问题不是需要多长时间才能维持生活的变化，而是我们该如何处理阻碍我们养成新习惯的情绪。即使从理智上我们知道，如果我们改变，事情可能会更好，但我们如何让自己记住改变不仅会变得更好，而且绝对值得我们去克服改变带来的不适？当我们感觉到各种挑战性的事情迫使我们放弃时，我们应该如何激励自己？

让我们的情绪平静下来并不容易，有时情绪在受到刺激后很快就会出现，我们根本没有意识到发生了什么和我们对此有什么感觉是两个独立的事件。作为对这些感觉的反应，我们渴望一些东西，比如一支烟、一杯饮料、一个甜甜圈，或者甚至只是让事情保持不变——你不需要做任何事情，只要感觉良好就可以。最终，这一切又回到了痛苦和快乐这两点上：我们天生就喜欢做快乐的事，抵制不快乐的事。有时，短期的快乐胜过了我们理智上知道改变会带来的长期快乐。

当我们感觉某些事物诱惑我们保持不变时，我们能做的最好的事情就是在感觉和行为之间创造空间——认识到两者不需要同时出现。如果你通常靠吃东西改善坏心情，但一天中只有一次，你会在打开冰箱之前忍受着不适坐上 5 到 10 分钟，第二天你可以在这基础上慢慢地调整你体验和处理情绪的方式。这不是立竿见影的改变，也可能不是一生中遵守新习惯的第一天。但重要的是，我们从内部开始改变，迫使自己挑战我们认为自己想要和需要的东西。

为了应对我对运动的抗拒，我最近强迫自己在决定不运动后的 10 分钟内什么都不做。所以我不会冲动地做决定，我宁愿看电影，然后忘记锻炼是我真正想要的东西，给自己空间来回忆我为什么想要锻炼。在这段时间里，我不可避免地会想起自己曾经是多么强壮和健康，也会记起自己有多喜欢需要耐力的体育活动，以及已经取得的巨大进步。我经常意识到，锻炼并不是我强迫自己做坏事，而是我自己想做并且乐在其中的事情。这就是坚持下去的原因：知道从长远来看你想要什么，明白你在短期内可能会有与之冲突的需求，因此创造足够的空间来决定你将如何应对。

坚持某种新行为

如果你正在努力养成一种新习惯：

• **提前计划**。如果你把计划写下来并做好规划，就更有可能坚持锻炼、健康饮食或尝试新事物。为自己的成功做好计划，也就是说，如果你知道自己不太可能做到，那就不要告诉自己要在早上5点锻炼；如果你知道自己喜欢在周六下午徒步旅行，那就不要计划在周六下午打电话。试着把活动安排在你认为自己没有理由不去做的时间段。

如果你想要改变的事情侧重于心理（比如戒备心过重或过于敏感），那就计划好触发因素和解决它们的新方法。如果你因为有人对你的工作提出质疑而产生防备心理，那么就计划好如何从不同的角度看待问题。也许你会考虑这些建议的正确性，或者只是感谢他们分享的看法，然后进行思考。

• **建立负责制**。没有人有钢铁般坚强的意志，有时当我们与自己斗争时，阻力最小的道路会胜出。让其他人加入你的计划。在博客或推特上介绍你正在努力做出的改变，告诉你的朋友或家人，然后请他们对你负责，让他们每天晚上问问你进展如何。我们甚至可以做得更好，与其他想和你同样改变的人一道行动。

• **准备迎接挑战。**有时,你不可避免地会感到阻力,也会遇到挫折。提前思考当这种情况发生时自己该怎么做——可能是默默忍受,或者打电话给朋友寻求动力和支持。

• **专注于进步,而不是完美。**向非黑即白的思维说再见。这并不是说现在就做出彻底的重大改变,而是逐步做出改变,让你一点点接近你想要达到的目标。不要因为这个星期没有每天锻炼而责备自己,那只会让你感到内疚和挫败。相反,要庆祝自己锻炼了两次,奖励这些成功,然后承诺下周要锻炼得更多。

我们周围的环境和人会影响我们保持变化的能力

人是可以改变的,但如果他们的朋友、家人和社区没有认识到他们的改变,还是一如既往地对待他们,他们就会故态复萌。~ @MegEtc

人们可以在他人同情心的帮助下改变。有些人只需要被倾听和支持。~ @Flosara

人性是无法改变的,但是可以把孩子培养成有爱心

的人，这是一个良好的开端。~ @AgaNY

如果人们愿意，他们可以改变。他们有自己开发的工具，也有其他人帮助开发的工具。~ @caltex

人会因为周围环境而改变。~ @Carolinelfje

我喜欢观察人们的行为。我会前往某个地方，没有任何目的，只是观察每个人在那个环境中是如何行动和互动的。

几年前，我坐在CVS店（美国连锁药妆店）里观察前来购物的人们。我看到一位愤怒的少年和一位带着蹒跚学步的儿子的母亲站在同一过道的两边。少年想偷东西，那个母亲在看化妆品，而她的儿子则随手捡起所有没有固定的商品。几秒钟内，少年被抓住了；蹒跚学步的孩子打翻了货架上的一个瓶子，幸运的是，瓶子没有碎。当所有人的注意力都集中在被带到后面的少年扒手身上时，那个母亲抓过她两岁的孩子，狠狠地打了他的脸，力量很大，看得我都开始发抖了，同时感到脸红和恶心。我想到了两件事：如果这位妈妈看好了自己的孩子，他就不会触碰那些东西（孩子们天性如此）。但更令人不安的是，她在公共场合竟然如此狠厉，无法想象这个孩子在家里忍受了怎样的残酷虐待？

我跑向保安，报告孩子被虐待的情况——她一直在骂孩子蠢，把他拖出了商店。我现在还记得，当时我想到了另外两件事：其一，这个小男孩长大后很有可能成为刚才商店里偷东西的少年；其二，我真希望能把他拉到一边，赋予他大人般的理解力，然后告诉他,在接下来的 18 年里,不要相信他妈妈说的任何一句话。无论她如何侮辱他,无论她如何破坏他的性格或潜力,他都不愚蠢,都值得拥有一份更伟大的爱。我当然不能这么做。即使我能保护他不受生活中最强烈的影响,也无法改变他的成长经历或成长环境,无法改变他会受到的影响。

因此,让我们面对现实:我们并非生活在真空中。成长的环境决定了我们是谁,当前的环境影响着我们是谁以及我们能成为谁。你可以把所有的精力都放在做一个更平和的人上,但如果你的室友或配偶酷爱戏剧,那你就需要做出调整。你可以花大量时间引导内心的平和来对抗压力,但如果你的工作需要面对暴力犯罪分子,你可能会发现放下焦虑是很有挑战性的。这并不是说你必须放弃工作,毕竟,不管环境如何,我们总是可以选择自己的态度。但周围的环境确实会影响我们。研究表明,由于工作带来的压力,警察的预期寿命比普通人少 7～20 年。因此,尽管我们可能会在面对外部挑战时很好地应对,但它们仍然会在情感和身体上给我们造成损失。

幸运的是,成年人可以对周围环境做出选择,不会被永远困在你无法忍受的家庭、工作、关系、友谊或生活方式中。我们可以选择每天做什么来改变,我们可以选择我们的环境去促进这些选择。精心挑选你周围的人、事、环境和想法,这一切都会影响你的选择。

就像生活中的大多数事情一样,在理论上谈论这个问题比在我们的生活中真正做出重大改变要容易得多。最难做的就是接受对我们不利的事情，然后把它改得更好，特别是当这不是一个简单的一次性决定。当年我住在那栋破旧的宿舍楼里时，邻居吸毒过量是常有的事，吸烟似乎是所有坏处中危害最小的。事实上，当我把自己、我的生活和我的处境看作绝望和可耻的时候，很多有辱人格的选择都感觉很自然。我花了一年的时间才搬离那栋楼，我所有的选择都来自"我不配"这样一种信念。当时，我和一个华尔街股票经纪人约会，他告诉我，他和我在一起是我的幸运，因为我真的不是一个好女孩。只有当我意识到我可以改变时，我才会变得强大。即使一切都无法在一夜之间改变，但这种朝着更好的方向努力给了我力量，激励我做出更好的选择。

我们都值得拥有生活中最美好的事物，但这只能靠我们自己争取，只有我们才能创造愿景并实现它们，只有我们才能设定界限并遵守它们，只有我们才能决定自己希望如何被对待，然后在遭受挫折时改弦易辙。

好消息是，影响行为的不仅是大事，小事叠加在一起也会产生影响。例如，如果你把运动鞋放在门口，这个简单的视觉提示可能会帮助你坚持运动；如果你选择不接收每日的新闻更新，也不阅读来自消极同辈的电子邮件，那么保持积极的心态可能会容易得多；再比如，如果你经常收拾整理你的私人空间，那么变得更有条理就会简单得多。

周围发生的一切都会影响我们内心发生的一切。我们的思想、感情、行动以及环境都是交织在一起的，每当我们在其中一个方面做出改变，其他方面就会产生连锁反应。问题是：你希望如何体验变化，以应对发生在你身上的一切，或者作为一种主动选择来决定会发生什么？

为改变创造最佳环境

确保周围的环境有利于你的成功：

• **评估大环境：有什么对你不利吗？** 你是否和那些让你感觉糟糕，并因此陷入困境的人生活在一起？你所在的社区是否不安全，让你觉得自己想做的事情受到了限制？公司文化是否让你很难做出想要的职业改变？改变这些事情显然并不容易，但认识到它们是至关重要的第一步。我们相信有志者，事竟成。所以问问你自己：是否具有坚定的意志？

• **把改变环境放在首位。** 你可以很容易地找到一百万个借口不去做大的改变。但所有被大事限制的小事远比你意识到的重要，因为一个改变就能打开你从未体验过的幸福之门。因此，把改变作为你的首要任务。一旦你处于一个更积极的生活或工作环境中,或者一旦你改变了周围的人,那么成为你想成为的人就会容易得多。

• **创造环境提示来帮助你做出改变。** 如果你想要吃得健康,在冰箱里放上你最喜欢的水果和蔬菜;如果你强迫自己去追求梦想,那就做一个愿景板,挂在你经常能看到的地方;如果你想开始更频繁地冥想,找一个非常舒适的垫子,打造出一个冥想空间。创造空间,成为你想成为的人,你就更有可能以那个人的身份占据那个空间。

在生活中,改变是不可避免的

人和生活一直在变化,因此接受变化是变得更好的途径之一。~ @moritherapy

一切有生命的东西都在变化。只有当我们不再存在时,我们才会停止改变。~ @cattigan

我们的生活处于不断的运动中,而我们作为个体处于永恒的变化状态之中,无论我们是否意识到这一点。~ @goodmangoes

人当然是可以改变的,这是所有人都会做的。~ @

第三章 改变

waltman

改变：抬起你的脚，重重地踩向大地。~ @kmaezenmiller

如果生活中只有一件事是不变的，那就是改变。当我们对现状感到舒适或自信时，我们并不能总是意识到这一点。就像我们没有感觉到地球在旋转，也没有意识到时间在流逝一样，变化并不取决于我们的感受，而是每一小时、每一分钟、每一秒都在发生。很多事在一瞬间就会发生，而如此多的变化往往都在我们没有注意到的情况下发生。

我们身边的人每天都在变化，他们学习新技能、建立新关系、学习新课程，到整个人焕然一新。我们周围的孩子每天都在变化，他们有时变化得太快，我们都忘记了欣赏赞叹，转眼间他们就已经学会了爬行、走路、说话，长大离家。我们的关系每天也都在变化。今天，你觉得跟某个人亲密无间，但明天又遥不可及。等到了第三天，你又觉得彼此很亲密，但和以前不一样了，因为人与人之间的关系从来都不是永久的。世上没有永恒的事物。

你的工作每天都在变化。事实上，有竞争力的公司总是在转型、创新、推出新产品和制定战略以保持相关性。你的工作可能看起来稳定可靠，但你永远不知道你的角色什么时候会变得不同，甚至被淘汰。

我们的环境每天都在变化。即使你从未离开过你的家乡，你所熟悉和信任的世界也会慢慢改变形状和味道。总有一天，你儿时的游乐场会变成沿街商业区，某家建筑公司会在你最喜欢的饭店旧址上开发一家连锁餐厅；其他业务也会像走马灯似的来来去去，周而复始。原有的建筑将被拆除，新的大楼将在原址拔地而起，道路重建，老邻居搬走，新邻居搬进来。人口结构会发生变化，新的政客走马上任，你所在的城市越来越高档化，你所在的郊区也会城市化。

一切都在变化。天气在变，季节在变，经济在变，时代在变，健康在变，人也在变——没有什么是一成不变的。如果你认为每一刻都是成为你想成为的人的一个新机会，这可能会让你感到无限的满足。的确如此。一旦你决定改变现状，你就能发现事情发展的可能性。

我们无法改变生活总是在变化这一事实，但我们可以学会与之一起改变。我们可以不再把每一个结局都解释为死亡，而是在新的开始中寻找重生。这是否意味着我们可以改变我们的性格？是否意味着我们可以改变我们的本质，无视别人的期望，克服弱点，变得更好？

人能改变吗？绝对能。世间万物皆变化，唯一不变的就是变化。我们只需要做出选择——不断地做出选择。

第四章
命运

凡事皆有因果？

如果你相信凡事皆有因果，也就是说，相信冥冥之中有一种普世的计划指引我们前进，那你便会感到欣慰。当你相信命运时，你会觉得一切都有目的，即使无法控制，也可以理解。如果你生病了，你可以说生病是为了让你变得坚强；如果你出了车祸，你可以说这是上天在教你慢下来，更好地享受人生之旅。广义地说，如果你遇到任何一种不可抗的逆境，你都可以从这样一个事实中得到安慰：它正是你所需要的。这也正是米拉·科申鲍姆的观点，她在《谷底的阳光》一书中详细阐述了每种困难的内在价值。

米拉·科申鲍姆精确地给出了生活中所有事可能发生的10个理由，这些理由都很有用，让人感到宽慰。无论是帮助我们接受自己、感受宽恕、变得更强大、找到爱，还是有目标地生活，在科申鲍姆的世界里，一切都与我们有关，都是对我们有利的。我们会从发生的事中寻找意义的诱惑，相信上天一直在支持我们；我们会为了自己的最终利益和成长，对已发生的事件进行编织加工。我们还可以接受一切都是随机的——因果关系的存在是随机的，我们所做的事情会影响我们的人生，世界仍然是混乱和不可

穿越痛苦，即得智慧

预测的。

如果我们选择从发生在我们身上的事情中学习和成长，有没有必要去猜测事情为什么会发生？怎样才能更有效地利用我们的能量——在我们自身之外寻找意义，还是在我们自身创造意义？

我一直对永久性毁容非常好奇。我读过很多关于战争、火灾、虐待和动物袭击受害者的书，我对一个人经历了毁灭性创伤后继续前进所需要的力量感到敬畏。当一个人再也认不出镜子里自己的那张脸时，他是如何开始重建自己的？当一个人时刻带着自己生命中最痛苦、最可怕的创伤时，他是如何学会继续生活下去的？在一个人们在表达同情之前就做出判断的社会中，伤痕累累的肉体如何愿意承载积极向上的灵魂呢？我最接近答案的一次是在俄亥俄州中部。为了解释我是如何找回自己的，我不得不再次回到纽约市。

2006年，我准备永远离开这座城市。我已经练习瑜伽一年多了，还戒了烟，看起来不那么像一个营养不良、压力过大的人了。我搬进了一个没有蟑螂的小公寓，并通过工作有了一些储蓄，我觉得自己已经学会了应该学习的东西——如何照顾自己，如何从逆境中振作起来，而不是沉浸在自怨自艾中。我距离完美还相差很远，但我开始不那么在意了，这种感觉就像一个巨大的成功。再加上我重获健康和活力，我已经做好了征服世界的准备。

我离开纽约，向西走了600万步。之前，我在网上看到一则与健身相关的营销旅行广告，叫作"走遍美国"。一家生产计步器

第四章 命运

的公司 Sportline 赞助了这次促销活动,以提高人们对步行好处的认识。当时他们正在寻找 12 个人组成一个接力团队,在 3 个月的时间里徒步穿越美国,同时要把步行活动写在博客上。

这个机会似乎是为我准备的。我一直在努力改善健康,而且,我只想把我的伤痛转化为意义——告诉人们如何赋予自己力量,如何为自己的幸福做出积极的选择。我还准备了大量日志,上面写满了 A 型组织的课程清单。我相信,我所受的伤害和病痛,都是让我有机会在这个世界上行善的先兆——我要帮助别人。我想前往加利福尼亚州进行冒险,我想,在我身心的每一处缝隙里都背负着多年的耻辱之后,此次活动必将带来美妙与和谐。

之后,我被招募为活动替补,以防有人退出。我不知道是因为我的诚实,还是我的绝望,他们最终决定,这个人就是我。

我需要带着爱慕斯公司的代言狗一起旅行,所以我不能乘坐旅游大巴,因为经理对狗过敏;而且我必须自己预订酒店,因为团队并不总能住在愿意接纳宠物的酒店。我没有被要求参加此次行程中的任何活动,也不被允许写博客。对我来说,这一切听起来就像一次 3 个月的隔离,只不过这次有只大狗陪伴。我不会成为这个团体的一员,无法与那些感到无力掌控自己生活的人分享自己的故事,也不能在网上发表"神评论",让我瞬间成为网络名人。

就在我跳下演讲台,意识到自己收到了人生礼物之前,我是这样对家人抱怨的。由于额外的责任,我的工资比步行者高,而且我有大量的空闲时间，我租了一辆车穿越美国，还不用自己付钱。在此次活动开始前的几周，我给几十所学校和医院打去电话，看看能不能和那里的女孩们谈谈，让她们学会爱自己，爱惜自己的身体。我要与她们分享一个故事，让她们学会珍惜和照顾自己，因为命运给了我一个比我最初报名参加活动时更好的境遇。我可以以我自己的方式为学龄女孩安排演出。

上小学的时候，每当有励志演讲者来到我们学校，我总是需要一段时间才能与他们热络起来。突然和陌生人建立亲密关系会让我感到尴尬和不舒服，而且会遭到朋友的嘲笑、白眼。因此，我能理解听我演讲的女孩心不在焉或有抵触情绪，她们毕竟不认识我，他们可能无法理解我在她们这个年龄时产生的孤独和自卑。

但时不时地，有些孩子也会有不一样的表现。这个女孩大约12岁，她的脸上和手臂上都有烧伤的疤痕。在我的第5次演讲中，她就坐在第一排，她并没有因为害羞坐在后面。她穿着一件短袖衬衫，考虑到天气很热，这样穿无可厚非，但对一个在火灾中严重烧伤的年轻女孩来说，我觉得她有着难以想象的勇气。她从一开始就与我进行眼神交流，似乎理解了我言语背后的意思，而我甚至不知道该表达什么意思。

我讲了自己上初中时发生的一件事，介绍了我讨厌自己的所有方式，就像其他学生一样。我谈到了压力和评判，以及它们如何让我相信自己有问题。我解释说，没有人应该受到虐待，如果我们不发声，我们就会慢慢开始认命。我谈到了我们之间的差异——孩子们可能会变得很残忍，尤其是当我们的身体正在发生变化时，但我们不必被别人的看法所限定。同样的话题我之前已经讲过好几次，但考虑到盯着我看的那个女孩所经历的不可逆转的身体变化，青春期的考验和磨难似乎无足轻重。

最后，就在我说完"我们都不完美，但我们都应该快乐"之后，我问大家有什么问题要问。这时那个女孩举手问道："你认为坏事的发生是有原因的吗？"我不禁怀疑，她真正想问的是她是否命中注定身上要留下那些伤疤。我没有任何明确的答案，但更重要的是，我觉得我的想法并不重要，因为不管发生了什么，也不管她相信什么，她都在选择勇敢地做自己——而且是在一个年轻女孩生命中最具挑战性的时期。无论她告诉自己要如何理解自己的经历，无论她在哪里学会了寻找内在力量、坚强面对人生困境，她自己的答案都是有价值的。

所以我尽可能诚实地回答说："我不知道。但我知道，我们可以找到一个理由来理解所发生的事情，我知道坚持这样做感觉很好。"

我们经常在悲剧面前寻找意义，当我们难以接受生活的磨难时，我们就会紧紧抓住命运这根稻草。我最近看了一部关于彩票中奖者的纪录片《幸运》，影片讲述的是一对夫妇在一天内赢得了超过1.1亿美元的奖金，只因为他们绕道去了一家他们平常不会光顾的商店。妻子说这是命运的安排——他们在正确的时间出现在正确的地点，虽然这完全是巧合。但这带来了一个问题：为什么他们绕道而行赢得了上亿美元,而另一对绕道而行的夫妇却死于车祸呢?为什么有些人注定拥有巨大的财富,而另一些人却注定要经历巨大的苦难?

这里还有一个更有趣的问题:如果一种信仰能帮助我们在好运和苦难中都找到意义,那么信仰本身是否正确还重要吗?

德国哲学家弗里德里希·尼采曾写过一篇名为"amor fati"的文章,拉丁语的意思是"热爱自己的命运",其中心思想是建议人们把生活中发生的每件事都看作美好的。一个世纪前,伏尔泰在他的短篇小说《老实人》中提出,我们并没有生活在最美好的世界里,但也许我们不必担心这一点,而是应该专注于眼前的任务,即"培育我们自己的花园"。说实话,我很喜欢这些带有哲理的思想,因为我自己也喜欢思考问题,但我可以从这两个角度看到价值。我也很清楚,我们的信仰会影响我们的态度,影响我们对个人力量的感觉,并相应地影响我们的生活经验。

带着这样的想法,我在推特上问道:"人生中每件事的发生都有原因吗?"

我们的选择使事情发生

> 每件事的发生都是有原因的,源于我们的决定。
> ~ @TheCatAndTheKey

> 事出有因。~ @interrabang

第四章 命运

> 每件事的发生都有原因,但你必须明白,只有你才能让事情发生。~ @Jimenix
>
> 事情发生的唯一原因是我们在这个世界上的行动和心态,与更伟大的存在无关。~ @freckledjess
>
> 只要你愿意相信,任何事情的发生都是有原因的。如果你有这种信念,生活就会充满意义、奇迹和成长。~ @Nirvana_Mamma

我们有自由意志吗?还是说有某种外在的东西在引导我们的选择和行动?是否存在某种宇宙计划,引导我们通过特定的经历到达预定的目的地,或者我们的决定是我们唯一的路线图?在我们有意识地意识到我们将要做出的选择之前,大脑活动会影响我们的行为吗?还有其他无意识的因素在起作用?最近的研究提出了这些问题,一位哲学家获得了440万美元来研究这些问题。

2010年1月,佛罗里达州立大学教授阿尔弗雷德·米尔开始了一项为期4年的自由意志研究项目,将哲学、科学和宗教纳入研究范畴。据佛罗里达州立大学官方网站报道,在讨论该项目时,米尔教授提出了一个有趣的看法:

"如果我们最终发现我们没有自由意志,那么各种消息就会纷至沓来,我们可以预测人们的行为会因此变得更糟。我们应该制定计划来应对此类消息。"

过去的研究似乎表明,当一个人认为自己没有自由意志时,他就会表现出攻击性、缺乏诚信。这也许是因为当我们认为决定权并不完全掌握在自己手中时，我们的内疚感和道德影响会大大减少。下面这两者哪个更有用：一是认为我们能够完全掌控一切，能够做出比较积极的选择；二是承认我们无力对抗命运，并利用这一点为不良行为辩解？

几年前，我和一个正在戒酒的酒鬼约会，我们权且叫他罗布吧。罗布告诉我，酗酒是他与生俱来的，因为他父亲是个酒鬼。我认为这更可能是环境因素造成的，而不是遗传因素，但无论如何，从某种程度上说，他从小就酗酒。我很佩服罗布这一点：一开始就坦诚相待，承认自己的缺点，而不是像很多人在第一次约会时那样，精心伪装打造自己的人设。我也很欣赏他非常明确地表示，他从来不想结婚或生孩子。当你从未真正考虑过超越友谊时，"让我们做朋友"这种谈话要轻松愉快得多，于是我们成了好朋友。

这可能就是为什么几周后，罗布很放心地告诉我，他有性侵犯者的案底，因为他和十几岁的表妹上床了。据罗布说，表妹当时同意了，但她还未成年。后来我知道了第二个更令人不安的故事，这个故事至今仍困扰着我。我想象，罗布在青春期的时候，还摸过自己的妹妹，当时她还不到 5 岁。他又告诉我，他在蹒跚学步时，被他的姐姐摸过，我感到既同情又憎恶，因为这挑战了我之前曾经有过的理解和原谅。

没有人能宽恕虐待的行为。但是当一个人曾被虐待，这能为他们未来的行为提供一个可行的解释吗？罗布的姐姐有没有可能也曾被他们的父亲猥亵过，因而成了一个不可抑制的循环中的一环，这个循环最终又延续到了罗布身上？他童年的选择是不可避免的吗？如果是这样的话，一个学会虐待的被虐待儿童如何承担责任，并拥有正确的行为模式？

我们在过去都会遇到困难，也都在某种程度上受到过伤害，有些人受到的伤害更大。我们都没有完美的父母，每个人心中都有一间密室，里面都藏有一些不可告人的秘密。没有人能支配我们做什么，没有人能决定我们如何应对自己的感受，也没有人能决定我们是凭直觉行事，还是质疑这些冲动是否真的对我们和周围的人有益。

我们做出的选择，不管有什么影响，我们都需要对此尽最大能力负责。帕金森病患者不会选择颤抖，精神分裂症患者也不会同意产生幻觉，但当涉及每天都要面对的决定时，我们就处于决策者的位置。

拿回你选择的权力

如果你认为自己无力创造自己真正想要的生活：
- **找出你觉得被困住的地方。** 你是否觉得你必须在家族企业工作，因为这是你的父母为你安排的？你是否认为你永远找不到一个爱你的人,因为你觉得自己受到了伤害?你是否觉得你不能幸福,因为你伤害过很多人,因此罪有应得,应该痛苦?这就是因果关系的思维——假设某个原因必须导致某个特定的结果。

• **认识到如何创造一个自我实现的预言。**要意识到事情的发生不是因为外部因素,而是你应对这些外部因素的方式。你不愿同家人闹矛盾,所以你在自己不喜欢的行业里工作;你认为人们不会爱你,所以你把他们推开;你在评判自己,所以你没有空间原谅自己。你要意识到,你的力量在于你选择了什么。

• **在这一刻做出不同的选择。**这并非重大的转变,只是目前的一种选择。从现在开始,从不同的角度看问题,掌控你当下的人生。你可以去某个地方做志愿者,感受家族企业之外的乐趣;和某个刚认识的人分享你的故事,而不是想当然地认为自己是个受害者;做一件让你快乐的事情,而不是将快乐视为遥不可及。你不需要一直担心下去,只需要选择这一刻去创造未来,而不是让未来创造你。

事情发生的原因并不重要，重要的是事情发生后你做了什么

> 任何事情的发生都是有原因的。~ @marqueb
>
> 事情发生的原因并不重要，重要的是你做出反应的原因。~ @d_cahill
>
> 事情的发生都是有目的、有结果的。~ @twiras
>
> 寻找益处比寻找原因更有用。~ @jesusina
>
> 事情发生的原因是编造出来的，也是非常有力的。所以，编造一些有用的理由，会让你感到自由和关爱。~ @cathduncan

当我们把注意力集中在原因上时，就好像我们在找人来指责，或者至少要问责。如此一来，我们没有把注意力集中在接受、治愈和从自己的经历中走出来，而是迷失在十万个"为什么"之中，针对过去的事情究根问底。研究人员凯里·莫尔韦奇发现，我们更倾向于对发生的坏事进行指责，而不是对好事进行赞扬。为此她提出一种假设：我们这样做是因为我们无法预测和未雨绸缪，无法避免意外的负面事件，所以我们本能地相信一切都是外部因素造成的。了解具体的原因会让人感觉更安全，但遗憾的是，并不总是有人或事可以指责，因此一味地寻找原因有可能让我们不断陷入困境。

穿越痛苦，即得智慧

心理学家还指出，如果我们倾向于在某种情况下发现积极的一面，人们就不太可能玩指责游戏。当我们看到某个东西有用时，很容易会忽略其中不好的部分，继续前进。想象一下，无论发生了什么，我们都能因为经历过而茁壮成长，这样我们就会信心满满。如果我们更倾向于沉浸在不公平中，就会感到愤怒，并希望能找到一个目标来接受这种愤怒。更重要的是，我们很可能会陷入愤愤不平的自怜之中。当我们认定某些事本质上是不好的，我们是受害者，那一刻我们的判断就会处于负面情绪的循环之中。当我们确信我们有理由继续保持愤怒和痛苦时，我们就很难放下这些负面情绪。

另一种选择是，当我们无法解释的事情发生时，把注意力集中在我们能做什么上。达到目标自然需要时间，我们也花得起时间。就像当有人去世时，我们会经历5个哀伤的阶段一样，我们需要遵循一个过程来接受变化，需要允许自己去感受。我们也需要学习、成长，学会放下。正如泰国禅师阿姜查所说："放下一点儿，你就会得到一点儿安宁；放下很多，你就会得到很多安宁。"从某种意义上说，放下是负责任的表现。

在《探索新闻》的同一篇文章中，我第一次了解到莫尔韦奇关于指责的研究，文章作者特雷莎·希普利引用了2010年4月20日发生的墨西哥湾漏油事件。英国石油公司的一个钻井平台发生爆炸，造成有史以来最大的石油泄漏事故——泄漏量约为7.03亿升。调查显示，钻井平台上的工人不愿报告违反安全规定的情况，

第四章 命运

进一步的调查发现，钻井平台上的设备自 2000 年以来就没有接受过检查，尽管应该每 3 到 5 年检查一次。这些报道是在得克萨斯州州长里克·佩里暗示石油泄漏可能是天灾之后发布的。他支持继续钻探，并说："天灾时不时会发生，这是不可避免的。"

只要诚实地面对自己，承认我们不可避免地会犯大大小小的错误，那么我们就会拥有巨大的力量。我们无法回到过去改变已经发生的事，无法收回泄露的石油，我们也无法通过评判、斥责或排斥其他人的行为来改变其行为造成的后果。然而，我们可以学习。

我们可以学会更好地照顾地球，为子孙后代的生活保护地球，不能耗尽所有的自然资源；我们可以学会更好地照顾彼此，我们想生活在一个富有同情心、相互理解和充满爱的世界里，就要付出同情、理解和关爱；我们可以学会更好地照顾自己，我们对身体的投入以及我们对自己感受所做出的反应会对未来产生连锁反应，而不仅仅是一时的满足。

我们无法一直做出最好的选择，但我们可以不断学习，做出更好的选择。生活的美妙之处在于，我们每天都能以不同的方式做事，我们有能力选择自己的想法和行为，我们可以怀着一颗善心，继续行走世间——即使面对我们无法理解的经历。我们可以从错误中振作起来，吸取教训，初心不改，积极向上。

无论如何，我们都可以从中得到成长，并以此来改变世界。

不要一味指责

如果你在生活中一直扮演受害者:

• **认识到你一直坚持的指责。** 比如这些话:"我没有什么好事发生,因为我运气不好;人们不喜欢我是因为我身体残疾;因为基因问题,我永远不会健康;我靠福利救济是政府的过错"……你经常指责哪些人或哪些事?

• **发挥自身建设性的一面。** 重点不在于责备自己,而是要为自己所发生的事情负责,这样你就可以在未来做出积极的调整。你的消极思维是否造成了你的"坏运气"?你对身有残疾的态度是否导致你拒人千里之外?你是否利用基因问题作为自己不锻炼的借口?

• **运用你今天学到的东西。** 一旦你为自己负责,你就可以决定如何前进,并为将来取得更好的结果做好准备。例如,在意识到消极思想是坏运气的根源时,当消极思想阻碍你前进的时候,你就可以识别并重构自己的思想,去挑战限制性信念,改进行事方式。这样做不是指责包括你以及其他人,而是放下痛苦,让自己去做一些有用的事情。

第四章 命运

有时候我们需要接受，但不需要理解

事情的发生源于事物的随机性，以自我为中心的人想要成为特殊/独特的人，这很难做到。我们都是随机链接。~ @wolforcaeagle

当无法理解的事情发生时，人们就会这么说。~ @TEDDYMEISTER

我们有时能够在发生的事情中找到方向，但它们的发生并不都是有原因的。~ @smola04

凡事都要寻找原因的人会变得神经质和迷信。生活就是活着。~ @rcannon100

随机中存在秩序，而我们必须弄清楚混乱的原因。~ @sleepspell

如果对事情发生的原因没有更深刻的理解，比如我们为什么会在这里，我们为什么会受到挑战，我们为什么最终会离开这个世界，那么这一切就显得毫无意义。没有明确的目标感，行动就显得武断。当我们感受不到普遍的秩序感时，一切都不可预测、十分混乱。就像我们小时候需要稳定的生活一样，我们在成年后也会寻求同样的稳定和安全感。研究表明，有明确目标感的人比没有明确目标感的人具有更大的幸福感。指导性计划给了我们继续前进的理由。

当我们还是孩子的时候，我们需要一致性，也喜欢测试和突破界限。我们希望在环境中感到安全和有保障，也希望看到我们能走多远，想看到我们拥有多少力量来获得自己想要的东西。成年后的情况也基本相同。我们渴望熟悉的事物，也幻想未知的事物。我们争取秩序感，在完美的工作中创造完美的日常生活，同时也在想象生活其他的可能性。

生活就是在渴望舒适和抗拒舒适之间不停地摇摆。我们不太可能放弃质疑、挑战和想要的东西。事物的本质——不确定性、无常性和永恒的渴望感，实际上对我们有利。拥抱混乱，承认有些事是我们无法控制的，这样做实际上是有益的。

约翰·布里格斯和戴维·皮特在其著作《混沌七鉴：来自易学的永恒智慧》中建议，我们可以通过接受生活的随机性学习和成长。首先，我们这个不可预测的世界为创造力提供了大量的机会。当我们不拘泥于完美主义，不拘泥于对事物的刻板印象时，我们就能更好地去创造未来。当你在绘画时不小心绊倒，那么随意的一笔可能是一幅伟大杰作的开始。同样的理论也适用于职场，其中的创新往往来自混乱和自我组织，而不是僵化、过度官僚的结构。允许人们遵循自己的流程时，他们往往会有最好的想法。

每一棵树、每一片叶子、每一朵雪花、每一朵云彩都是独一无二的，拥抱混乱也会让世界变得更加美丽。因此，我们自然得出结论：我们与整个宇宙都有联系。无论我们是否完全理解，我们都是整体的一部分。

第四章 命运

　　如果我们选择接受这个世界的现状，我们就有无限的机会获得新鲜感和刺激，摆脱恐惧的束缚，摆脱被控制的感觉。作为一个恢复期的完美主义者、A型控制狂，我理解与之抗争的本能。我知道，当自发性引导我进行一次我不确定的冒险时，我感觉自己活得很快乐；但当我放手时，情况却并非如此。同样，不确定性可能令人兴奋、快乐，也可能令人恐惧、痛苦。从来没有人能保证一件事会完全按照我们计划的那样展开——无论我们有什么样的宗教信仰或精神信仰。

　　两年前，埃伦和我在第二次约会中，我们在4 000米的高空，从一架小飞机上一跃而下。第一次约会时，我曾随口提到自己一直想去跳伞——我确实有这种想法，并且总有一天会尝试的。第二次约会时，我们便计划跳伞。埃伦以前跳过伞，我想证明我也可以做到。

　　那天，埃伦来接我之前，我在推特上发布了自己的计划，马上有人给我发了一个别人跳伞事故的链接。我知道跳伞有风险，但总觉得这似乎不太可能发生在我自己身上。突然间，我非常担心降落伞会出故障，我坠地而死。

　　那天跳伞之前，为了以防万一，我留了一张字条，告诉家人我爱他们。尽管我内心恐惧，本能地想要抵抗，但我还是强迫自己跳了下去，因为这样做不仅是为了给我的男朋友留下深刻的印象，而且也是一种放手的选择，去冒险，感受生命的活力。每天都是不确定的，即使是风险最小的选择也可能导致意外，对此没有任何理由能予以详细说明。我们不知道未来是什么样，而专注于这一点或紧紧抓住安慰的幻想并不能改变这一点。我们无法改变事物的本质，但我们可以改变对事物的理解方式。

我们可以选择不登机，因为我们害怕颠簸、闪电或任何其他不可预测的自然力量。或者，我们也可以认识到，有时天气预报都是错误的，冒险在绚烂多姿美轮美奂的云层中翱翔是值得的。

拥抱生活的混乱

如果你一直对混乱和不确定性感到压力：

- 当你知道你所能知道的一切时，学会识别。从某种程度上说，你可以通过学习和做出明智的决定来管控不确定性，但总会有你不知道如何计划的变量。没有一个决定是百分之百没有风险的，你需要接受这一点，否则你一辈子都会沉迷于让自己感觉安全的东西，直到有一天意识到什么都不安全。不要因为你不知道的事情而麻痹自己，当你觉得你知道你所能做的一切时，就要赋予自己力量。要明白，无论发生什么，你都能做到最好。

- 认识到"不知道"的价值。想要理解万物是人类的本能，但关键不在于得到所有的答案，而在于探索不确定性和混乱的体验。因为我们不知道，所以我们创造、创新、探索、写书、创造艺术、拍电影、设计、编代码、发明……我们不断找到新方法将已知和未知的事物结合起来，赋予新思想生命。

- **找到你的创意出口。** 创意和创新顾问琳达·奈曼提出："为了充分利用混乱，我们需要在不同的数据之间寻找模式和联系，以形成创新的想法。"你如何处理识别出的模式？是撰写，拍照，还是拍视频？与其试图控制一切来获得秩序感，不如设法利用无序来创造有用和美丽的东西。

我们是比我们自身更伟大的事物的一部分

生命中的事件相互影响，就像月亮与潮汐一样。~ @bjr71190

在自然界中，所有事情的发生都是有原因的；而原因又受反应、时间和空间的约束。~ @quietman1920

如果生活中每件事的发生都没有原因，那还有什么意义呢？~ @Richyboy81

> 一切都是能量。事情按照它们应该发生的顺序发生，与它们周围的能量流一致。~ @debismyname

> 我们可能需要一天、几个月甚至几年的时间，才能弄清楚为什么有些事情会发生，但这些事注定会发生。~ @jillianscrazy

无论我们学了多少知识，仍会有大量知识不仅我们无法掌握，也没有能力去理解。生活在地球上，我们看到了结果，却往往无法确定原因。答案是存在的，但这并不能改变我们不知道答案的事实。我真正感到自己和每个人都有联系。这是我们所有人的共同点：我们都想知道我们为什么在这里，为什么会发生所有的事情。我们都生活在一个不确定的世界里，当我们找到一个让人安心和有力量的解释时，我们就想分享它，甚至会为它而奋斗。

我们可以紧紧抓住自己愿意相信的一切，我们可以决定和平比正确更重要。我们可以拼命地为每件事寻找解释，竭尽全力去理解更深层的原因，我们可以成为我们希望在世界上看到的结果的原因。

任何事情的发生都有原因吗？当然有，而且有很多原因。但这些原因与我们如何处理所发生的事情无关。

第五章
幸福

怎样才能幸福？

近年来，幸福产业呈爆炸式增长。我们随处可见关于寻找幸福并一直幸福下去的网站、博客、文章、电影、纪录片、培训班、电子课程以及研讨会等。我们会请治疗师探索自己不幸福的原因，以及解决问题的方法；我们聘请人生导师为我们绘制详细的路线图，指引我们走向幸福；我们写博客、发推特，怀揣对幸福的希望与梦想，寻找幸福，计划幸福，分析幸福，朝着幸福不懈努力……但一直以来，我们对幸福只有一个模糊的概念。

我们把自己和别人比较——比较工作、家庭、冒险经历以及他们责任中获得的相对自由，并计划得到他们所拥有的。在渴望、获得和拥有的过程中，一定会有答案，对吧？只要升职，你就会幸福；只要找到真爱，你就会幸福；只要找到人生目标，你就会幸福。

我们阅读关于幸福的最新研究，并对照衡量自己，希望从中能发现具体的答案，但与此同时却怀疑对幸福的最好理解来自亲身体验，而不是数据分析。我知道我曾经历过。如果目标能让你幸福，我想知道，为什么在这个过程中我感到压力重重、不知所措？如果幸福的关键在于更多地关注体验而不是财产，为什么我有时会无从体验，只是沉湎于过去、担心未来，害怕体验不可避免地结束时自己的感觉？

为什么我们要让幸福如此累人？

离开纽约大约一年后，当我第一次住在旧金山时，我参加了一个周末举办的个人发展研讨会，举办方鼓吹这是所有人都需要参加的课程。说实话，我对这种宣传噱头有点抵触，但不是出于理智的原因。假如我不坚持阅读励志书籍、研究幸福、强调自己运用所学知识的能力，我还能怎样分散自己的注意力呢？

我刚失去我的第一份写作工作，那是我搬到旧金山湾区后第二天得到的工作。说实话，我很高兴他们解雇了我——当有人告诉我他们不再需要我时，我感到了前所未有的自由。我不想再找工作，甚至不想留在加利福尼亚州。我想去参加一次宣传巡演，就像之前参加过的"走遍美国"活动以及其他演出那样，全部身家都在一只行李箱中，人际关系最多持续两天，与自己打交道的只有客房工作人员和服务员。这让我觉得很安全。

我在旧金山的室友也曾四处搬家，去过很多地方。我告诉她，我已经尝试过了，准备继续上路。她鼓励我继续前行。她知道这感觉很刺激，也很冒险，但不管怎么说，远行会让人感觉安全。她知道待在一个地方让人不舒服，但她不知道的是，在这种不舒服的另一面是什么——穿越阻力，经历那些感觉，不管它们有多

第五章 幸福

混乱，然后看看结果会怎样。

我宁愿把自己困在一个荒岛上，带着一个拟人化的排球，也不愿冒险在真实的人际关系中受到伤害。我宁愿不拥有任何东西或承担任何财务义务，也不愿让自己陷入一个可能不够好的选择中。而且，我更倾向于在工作几个月后主动辞职，而不是在工作 7 个月后遭到解雇，这才是我的风格。但我太好胜了，不想耽于现状。假如我的室友能安定下来，找到称心的工作，努力让自己过得幸福，那我肯定也能做到。

我抓起廉价的老式手机，报名参加了研讨会。如果研讨会能让我幸福，我愿意参加，并且愿意花钱。拿出 495 美元有点儿心疼，但转念一想，我这个大冤种不是曾经花了 700 美元为两个无家可归的陌生人购买幸福吗！难道我的幸福不值这么多钱吗？

这门课程一共 3 天，每天 12 个小时，培训讲师长得像电视脱口秀主持人莎莉·杰西·拉斐尔，而课程内容似乎改编自最畅销的那些励志书。在那个令人精疲力竭的长周末里，我看到一个中年男人泪流满面，承认他酗酒的父亲已经尽力了；我看到当莎莉·杰西指责一个 20 多岁的女孩自私自利、引发家庭闹剧时，对方紧张得浑身颤抖。我着迷地坐在那里，看着几十个精疲力竭的人一个接一个地为他们的幸福承担责任，彻底改变自己的生活——那阵势和效果，显而易见，简直就像一场大规模的驱魔仪式。

有人说，很多邪教成员即使明明知道自己深陷泥沼，也很难主动离开，因为他们很难承认自己在判断上犯了巨大的错误。从根本上讲，这种行为属于沉没成本原则范畴——一旦你在某个选择上投入了大量的时间或金钱，你宁愿明知故犯地继续做一些无结果、无意义或无法实现的事情，也不愿止损重新开始。那一刻对我来说就是这样。我没有改变，但我已经为改变付出了代价，所以我会改变。

我假装从来没有听说过不幸福来自对过去的执着、对自己的伤害，以及基于我们的感知和判断来解读事情，只是想象着如果我在麻木之后突然醒来会是什么样子。然后，我突然之间泣不成声——呼吸急促，嘴唇颤抖，浑身发抖。我摇了摇头，似乎有些震惊，不相信自己这种突飞猛进的变化。我双手合十，摆出祈祷的姿势，仿佛在平凡中发现了神圣。我断断续续地啜泣、呜咽，语无伦次地忏悔自己的错误。慢慢地，奇怪的事情发生了：我感到自己无比真实。

在一屋子的陌生人面前剖析自己，比埋头读书令人满足，尤其是现在，我展现的是我自己，而不是我选择扮演的某个角色。在我承认我想幸福，我想爱自己，不想再逃避之后，我用最后一句肺腑之言彻底地展现出自己的内心世界："我不想害怕你。"受害者思维会让人筋疲力尽、心情沮丧，但这就是我之前的生活方式——害怕自己遇到的或可能遇到的每一个人。

在那一刻，我没有恐惧，而是完全沉浸在这种尴尬的原始体验中，没有机会去评判它，也没有机会评判其他任何事。现场众人彼此理解共情、敞开心扉、坦诚相见，这让我觉得幸福是可能的。如果我能让脑海中那个纠结、恼人的迫害妄想狂的声音安静下来，成为周围世界的一部分，我就能永远幸福快乐。而我要做的，就是停止胡思乱想。

第二天，当我行走在大街上，整个人完全沉浸在当下的环境中，耳中传来各种各样的声音——鸟儿在头顶飞过，远处建筑设备发出低沉的嗡嗡声，远处地平线上蒲公英田野里传来孩子们奔跑时发出的咯咯笑声（也可能是房屋工程的声音）。一路走来，我眼前的景象比以往任何时候都更加生动——以前的我怎么不知道我家附近的树上还有树叶呢？现在的我竟然能闻到每一种气味以及气味间的细微差别。

接下来的一段时间，一切都很完美——直到我结束了此次愉快的、无忧无虑的春游，重新回到现实中。我的生活依然如故：我仍然没有工作；我的房租仍然比以前高得多；我的世界仍然空虚，等着填满；我的内心仍然有一种迫害妄想狂的声音，需要我在余生中继续学习去驯服它。唯一发生变化的，是我损失了495美元——意识到这一点我有点儿生气。

"幸福产业简直就是在剥削弱者！"我对姐姐说："他们吸引最脆弱的人们——那些正在经历心碎、失落、失望和空虚的人，让一切听起来都那么简单。当然，当你睡眠不足、渴望得到答案时，你会经历痛苦的宣泄。"

我感到愤愤不平，打算给《时代》杂志写信，曝光这种欺世盗名的研讨会。期间我意识到这一切是多么荒谬：我花了495美元学习如何幸福快乐，然后当我意识到我的钱并没有让我的思想发生改变时，我感到十分愤怒。

归根结底，结论只有一个：再多的学习、再多的努力、再多的奋斗，都无法改变这样一个事实——只有我们自己才能选择幸福，只有我们自己才可以决定如何利用我们的精力、时间和金钱，也只有我们自己才可以决定是与现实做斗争，还是放弃斗争、接受现实。

只有我们自己才可以选择人际关系、工作、家庭和城市，只有我们自己才能充实我们的生活，只有我们自己才可以允许自己去享受生活。无论你身在何处，总有可能发生一些你意想不到的事情，但唯一能感受到快乐的机会就是此时此地，因为明天又是新的一天。曾经有几次，我感到平静、开心，但当时心里想的却是："这就是幸福的全部吗"？打个比方来说，也许眼前的幸福只是价值两美元的廉价葡萄酒，应当还有高档的唐·培里香槟酒等着你去品尝。在寻找更大的幸福时，我完全忽略了知足常乐是多么重要，一心只想追求更有价值的体验，忘记了自己有多大的力量来塑造当下，没有考虑实际情况。

我以前所住公寓附近的711便利店中有个店员，成天穿着色彩斑斓的纽扣衬衫，戴着一顶滑稽的帽子，每次看到他我都感觉心情舒畅。每次我进店取咖啡时，他不是在开心大笑，就是在和顾客分享他一天中的故事，声音爽朗得像唱歌一样。起初，我以为他只是故意装出一副好面孔，为了生活强颜欢笑。毕竟，他不可能喜欢在便利店工作，对吧？但之后，我意识到我忽略了他最大的魅力：他确实喜欢他的工作，这就是他看起来如此幸福快乐的原因——因为他选择了自己的幸福，选择与他人交往，选择微笑，选择享受当下，知足常乐，不管明天会怎样。

我们也可以做到的。

于是，我在推特上问道："怎样才能幸福？"

最幸福的人会自己创造幸福

> 没有人能决定你幸福或不幸福，能让你幸福的只有你自己。~ @Brenazet
>
> 我们要认识到幸福存在于自己的内心，而非存在于外人、外物、外事。~ @loilaing
>
> 有时候，想要幸福非常简单，只需停止担忧，充分地享受每一天。~ @draona
>
> 每个人都要意识到，幸福来自内心，而非外在。~ @geoffreypelkey
>
> 我是自己幸福的源泉。~ @frankilus

如果你对幸福研究感兴趣，你会发现越来越多的证据表明，幸福确实是一门科学。你可能听说过"积极心理学"这个词，它是心理学家马丁·塞利格曼在 2000 年创造的。以前，心理学的研究方向主要是治疗情绪和精神问题，主要用来治疗抑郁、焦虑和精神疾病。

塞利格曼的积极心理学方程式中的主要内容是习得性无助与习得性乐观的二分法。当你意识到你无法控制自己的处境时——尤其是当你认为自己有某种缺陷，或者困难永远无法解决、不可避免时，你便陷入了习得性无助，通常会导致抑郁。你的父母、老师可能在很大程度上影响了你对环境和自己的看法。如果你的母亲把每件事都看作灾难，并且总在自责，那么你也会养成同样的思维方式。

与之相反，习得性乐观则是挑战这种深陷泥沼的自我暗示，质疑你对所发生事情的看法（也就是你想当然的想法），然后积极地反驳这些看法。比方说，你觉得自己搞砸了工作面试，于是本能地认为自己能力有限，永远也找不到工作。你可以反驳这种想法，提醒自己，一次工作面试并不能完全反映你的才能、技能和潜力；不要一叶障目，一次求职失败并不意味着你永远找不到工作，注定要孤苦伶仃，一辈子都要住在河边的货车里。一件看似消极的事情并不能定义你或限制你的可能性。

如果你真的觉得生活失去了控制，如果你任由自己造成的伤害摆布，不采取任何积极措施加以改变，那么建议你创造快乐是没有用的，因为每当你置身于某个可能会体验幸福的环境时，你的想法就会破坏你。如果你的大部分想法都在暗示你注定一生不幸、命运多舛，暗示你也许活该如此，你就会感到焦虑，无法创造或体验真正的快乐。

如果你还不太清楚，不妨听我说：我以前就有过这种感受。事实上，我这个人不是很乐观，有时还会在脑海中进行自我评判。但我知道，每当这样做的时候，我都是在有意识地选择不快乐。只有相信自己能做到，我们才能创造出想要体验的世界；只有摆脱心魔，我们才能积极主动。

在生活中，我有一个患有抑郁症的朋友，她对自己非常残忍。她的状态着实让我痛心，如果她不愿意治愈自己，别人再希望她痊愈也没用。我认为，这就是习得性乐观主义最难的部分。无论我们多么有能力去创造和体验快乐，我们都无法控制身边的人，无法让他们爱自己。

如果你能选择做自己热爱的事情，并为此感到幸运；如果你能够带着惊奇、敬畏和自我接纳的心情度过每一天；如果你能让别人也参与其中，那么你不只是在创造自己的幸福，还在告诉其他人，幸福是可以创造出来的。

练习习得性乐观

如果你经常感到无助：
- **认识悲观的思维模式。** 当看起来很糟糕的事情发生时，你是否本能地觉得自己的生活被彻底摧毁了？你是否在各个方面都感到无助，而不是只对生活中的某一方面感到沮丧？你会常常自责吗？

• **用 ABC 模型连续三天跟踪你的反应。** 如果你认识到自己有悲观倾向，可以使用这个简单的方法开始扭转这种趋势。A 代表逆境（adversity），B 代表想法（belief），C 代表后果（consequences）。例如：你目前的逆境可能是没有通过驾照考试；你的想法是你觉得自己很愚蠢，在压力下无法做好。后果就是你对自己很失望，很沮丧。记录下生活中的小挫折，然后通过写日记，对自己的悲观倾向进行分类（例如：认为自己在压力下永远做不好这一点属于持久性问题，整天感到抑郁沮丧属于普遍性问题）。

• **把 D 和 E 加到 ABC 中。** D 代表反驳（disputation），E 代表激励（energization）。当你遇到逆境时，用相反的证据来反驳自己的想法。当你认为"我很愚蠢，在压力下从来没有做好过"，你要提醒自己"我并不愚蠢，我擅长很多事情。当我爱的人需要我的时候，我能在压力下做得很好"。这就是塞利格曼的乐观主义模型，能够让我们更容易感到快乐。

积极是幸福的关键

既然无法改变世界,那就享受每天的小乐趣,享受幸福。~ @MegametedK

幸福真正需要的是积极的态度和正念。~ @YouKnowJayCub

幸福在于是否拥有积极的心态,因为心态决定了你处理生活中一切事物的方式,尤其是乏趣无用之事。~ @JayeSN

想要幸福,只需凡事看好的一面,忽视坏的一面。~ @Foggydoggg

真正的幸福是超越所有环境的,是一种由内而外的影响,而不是由外而内。~ @tatsushirou

悲观的人看到半杯酒会说"这杯酒已经空了一半";而乐观的人则会说"还有半杯酒"。的确如此。

我知道,在习得性乐观这部分之后紧接着提及半杯水的问题听起来可能很突兀,但我相信积极是建立在现实之上的。而现实就是,杯子既是半空的,也是半满的,不是非此即彼。莎士比亚曾说:"世上本无好坏,皆因思想使然。"我们所处的环境发生变化,然后我们决定这种变化的意义。

积极思维的支持者建议,我们应该重点关注事情好的一面和公平的一面；我们总是在发生的每件事中寻找一线希望，重新思考，把发生的一切都看作有利于我们的最高利益。很长一段时间以来，这正是我所相信的，直到我意识到我是有意识地在积极思考。事实上，这就是我们很多人持积极态度的原因——希望积极的态度会引发环境发生积极的改变。

《失控的正向思考》一书的作者芭芭拉·艾伦瑞克认为，积极思考的意识形态表明，态度是生活中所发生事情的最终预测因素，就好像癌症诊断是她的悲观心态导致的一样。艾伦瑞克也不认可把癌症视为某种人生礼物的想法。她引用了许多研究，其中一些研究表明，积极思考的文化鼓励癌症患者压抑他们真实的、完全正常的感受，希望他们的态度能在某种程度上治愈他们的身体。这样如果疾病继续发展，他们就会感到自己是个失败者。从本质上讲，这可以归结为吸引力法则，即我们的内心世界创造了我们的外部世界。也就是说，我们可以通过思考，以某种方式摆脱我们不想要的东西，朝着我们想要的方向前进。这种哲学隐含着这样一种理念，即我们是自己健康和疾病的缔造者。

一个看起来更现实的想法是，我们的态度会影响我们的身体健康，但它们不是唯一的因素。就像我们不能完全控制我们的身体一样，我们也不能仅仅通过积极的思考来保证自己得到特定的结果。当我们认为积极的思维会导致特定的结果，重新构建思维模式，才能得到我们认为自己想要的东西时，积极的思维就会成为通向不幸的大门。

相比较而言，选择积极思考，不是因为它能让我们得到我们想要的东西，而是因为它本身就是我们现在需要的。积极思考能让我们感觉良好、主动思考、自我肯定，而不是灰心丧气、心情沮丧。我们的思想会影响我们的感觉，并最终影响我们的选择。

同时，接受人性而不是试图对抗人性也会让人感觉良好，因为我们认为糟糕的事情不可避免地会发生，而否认这一点则会造成内心的冲突和怨恨。如果你刚刚失去所爱之人，你完全有权利悲伤。你比你想象的更强大，你不需要压抑自己的想法，不需要给它们贴上标签，或者替换它们，也不需要因为无法找到更积极的方向而感到有压力。

你只需要知道你愿意治愈，然后承担起责任，在自己的头脑中创造一个比较平静的空间。如果你的内心压抑消极，你肯定不会幸福，你会想办法逃避。

就像生活中的任何事情一样，如果你对积极思考抱有不切实际的期望，它也会让你感到消极。积极思考不能保护你远离生活中的不确定性和痛苦，也无法改变生活中的困境与挫败。积极思考能做的就是帮助你学会保持积极乐观的心态。

练习切合实际的积极思考

如果积极思考让你感到有压力：

• 确定你是否正在试图用积极的态度来压制痛苦。你是否忽略了自己对某事的真实感受，结果别人认为你很积极？当你真正想做的是蜷缩成一团痛苦哀号的时候，你是否在告诉自己"忍一忍"，多想想好的方面？

• 给自己一段时间来处理这些情绪。你可能需要较长时间，也可能需要专业帮助，这主要取决于你在处理的是何种情绪。如果你面对的是失望，而不是创伤性的情绪，那么给自己一段你认为足够的时间，比如一天，或一个星期，然后用这段时间来处理自己的情绪。你可以付诸文字，或者通过艺术形式表达出来。你还可以把自己的感受告诉别人。做该做的事，解开心魔，继续前进。

• 等这段时间结束后，确定你现在可以做的积极主动的事情。切合实际的积极思考意味着，你不必假装你认为消极的情况实际上是积极的。相反，你应当把注意力转移到当下如何赋予自己力量。假设你失业了，心中难免惆怅。但你可以从今天开始寻找其他工作,你可能会找到一份自己更喜欢的工作——如果你愿意相信存在这种可能。这样做不会改变你对失去的东西的感受,也不会做出保证,只是阐明事物发展的可能性,让你以正确的心态来认识、享受这些可能。

幸福就是活在当下

> 我们只能在当下找到幸福。~ @LesleyAnnM
>
> 关注活动本身而非结果。~ @ShennandoahDiaz
>
> 幸福就是活在当下,就在此时此刻。执念于虚无,只会让我们忽视当下。~ @crazynessa524
>
> 幸福就是享受每时每刻,要意识到你目前正在做的事情和你即将做的事情同样重要。~ @lenidec
>
> 闭上眼睛,屏气凝神,沉思片刻,感恩生活。~ @hansoulkim

不要沉湎于过去,也不要担心未来,而要有意识地怀着感恩之心专注于当下。正念是进入心流体验的一种方式,在这种状态下,我们会全神贯注,竭尽全力。精神病学家提倡把正念减压法作为应对焦虑、疼痛和抑郁的解决方案。科学家还在继续研究正念对大脑和身体的影响，并指出正念对身体有很多好处。

然而，即使有了这些专家的建议，我们大多数人的生活仍然受思想的支配。研究表明，其中我们绝大多数思想都集中在压力、不安全感、恐惧和判断上，全都是针对周围的世界和我们自己的。我们分析发生的事情，想象这些事情的意义；我们紧紧抓住以前发生的事情不放，希望这些记忆能保护我们免受未来的痛苦。其中压力最大的是，我们一边前行一边分析生活：判断、评估，通常会淹没在内心的观察和自我批评中。

正念似乎是一个无法抗拒的命题，因为我们通常不会有意识地接受正念，至少我没有。我第一次学习冥想、瑜伽的时候，我体验到这种感觉是多么美好，我想知道是否有可能永远保持这种状态。这真的是一种可持续的做法吗？我能让脑海中的声音完全安静下来吗？换句话说，我真的擅长保持正念吗？我能不能学会永远活在当下，这样明天、后天、大后天，我就能完全活在当下？我没有意识到思考明天的正念恰好完全违背了正念的目标。

试着保持正念是正念的最大障碍之一。当你试着保持正念时，你会分析自己的行为，判断自己是否有想法，而不是放空思绪，还会质疑自己是否真的处于正念之中。当你进行正念时，你会停止思考自己正在做什么、想什么，你会用这种能量来彻底感受周围的环境。这二者之间最大的区别在于，你是否意识到自己的想法，然后思考这种意识；你是否学会让你的想法安静下来，充分体验这种意识。

我不是一个完美的冥想者，允许自己不做冥想是一个强有力的决定。我每天早上都做深呼吸练习，也经常练习瑜伽。有时我会在下午长时间缓慢地散步，让步伐与呼吸保持同步。这些锻炼方式对我来说比较有效，我也愿意坚持。但我没有把冥想当作一个死板的任务，而是坚持多做那些让我着眼于当下的事，相应地，这也增强了我保持正念的途径。

我们不需要跑出去买坐垫，或者根本不需要任何坐垫来打坐；我们不需要花时间在所谓正规的道场中剖析自己，不需要在受控的群体环境中探索每一层阻力；我们不需要斋戒，不需要发誓保持沉默，不需要学习单脚保持平衡，不需要学习古老的太极拳，也不需要盘腿坐着喝茶。真正重要的是，我们需要行动起来，做一些对每个人都有意义的事情，来培养当下的意识。

沉浸在你喜欢的活动中也能起到冥想的作用，就像太极拳和瑜伽能够将呼吸和运动联系起来一样，慢跑、跳舞，甚至是编织，只要是沉浸在这些重复的动作中，都可以起到冥想练习的作用。如果你的最终目标是减少消极的、评判性的想法，以便以更少的阻力体验世界，那么方法就是让你的想法总体上平静下来。任何一天，你主动选择创造一种内心平静的感觉，都会增加你体验世上所有美好事物的机会。

培养内心的平静

如果思绪纷飞让你难以集中注意力：

• 使用 100 次呼吸技巧。在"小智慧"网站的博客文章《让冥想变得轻松有趣的 8 种方法》中，女神莱奥妮建议数自己呼吸的次数，从 1 数到 100。一开始你可能会感到抗拒，但随着每一次呼吸，你会感到越来越平静。如果你感到抗拒，告诉自己这只不过是数次呼吸而已。如此一来，你很有可能会开始感觉良好，从而鼓励自己继续前进。

• 交替鼻孔呼吸。这是我选择的呼吸技巧。用左手无名指按住右鼻孔，用左鼻孔吸气，数 4 下。再用拇指按住你的左鼻孔，堵住两个鼻孔，数 4 下。松开鼻子右边的手指，用右鼻孔呼气，数 4 下。现在从右鼻孔吸气开始，重复整个过程。这是一组动作，完成 4~8 组这个动作。

• 在日常活动中练习正念。无论是洗碗，叠衣服，还是修剪草坪，不要排斥抗拒，学会享受这些活动。侧耳聆听窗外鸟鸣的声音，听听大街上孩子们的笑声。感受身体上的感觉——温暖的水流、柔软的衣物，或割草机冰凉的手柄；闻闻柠檬肥皂的香气，织物柔顺剂的馨香或新割过的绿草的清香。调动所有的感官，并且在那一刻感知现在所能感知到的一切。

- **进入状态。**选择一项你喜欢做或想要学做的活动来消耗你所有注意力，比如练习瑜伽、打篮球，甚至是参加空中飞人学校的初学者课程。当你沉浸在一项体育活动中，完全专注于自己的身体时，你会自然而然地产生一种内在的清晰感。

幸福来自关注他人

从小事做起，让你爱的人开心。~ @davidhepi

把别人的幸福看作自己的幸福，这就是幸福。~ @AgaNY

如果你希望别人幸福，如果你做自己喜欢的事，如果你爱笑——那么你就是幸福的。~ @feboop

幸福来自共情，来自简单快乐的选择，来自发现身边经常出现的美好！~ @Nicholas OSC

追求至简的心灵和更高的自我；学会欣赏所有的人和事；帮助他人达到第一和第二。~ @zenfeed

极端的个人主义可能是不幸福的原因。如果你过于独立、排斥他人，一味追逐目标，无暇享受当下，那么你一定会感到欲求不满。我们需要有意义的面对面接触，才能感到投入和满足，更不用说平衡了。一些文化推崇个人主义思维模式，将其视为成功的终极标准，这使得打破这种规范具有挑战性。当我们第一次通过广告了解到物质主义时，我们就开始将工作、获得、地位和快乐联系起来——这一点在我们年轻时就已根深蒂固。

我们既需要一种独立的认同感，也需要理解自己在大局中的角色。我们需要认识到，我们有无限的可能性去创造、实现和发现，同时也要知道，我们所做的事情会影响周围的人，当我们选择互相照顾时，每个人都会受益。我们需要知道这不是"我"和"我们"之间的对立——而是两者可以兼得。

这听起来很简单，这将是一个多么美好的世界啊。如果你曾经观察过某个小孩子，你就会亲眼看到如何自由地释放无差别的同情和脆弱。一个3岁的男孩不会在奶奶对一件小事反应过度时质疑她的性格，而会跑过去给她一个马拉松式的拥抱，因为拥抱会让她在难过的时候感觉更好。一个4岁的女孩不会因为在迈克叔叔面前哭泣而自责，她不会担心迈克叔叔会批评她，或者会因此对她进行指责。她只是把一切都发泄出来，之后仍会认为迈克叔叔爱她。没有什么比真正相信别人都是好人、没人会专门等着伤害你更让人释怀的了，也没有什么比接受你不必在恐惧中徘徊更令人欣慰的了。

但这却是我们成年人经常做的事情。我们对自己的认识是建立在过去的经验、感知到的优点和缺点、欲望和恐惧的基础上的，然后终生坚守这些脆弱的概念。我们确定自己喜欢什么、不喜欢什么；相信什么、怀疑什么；确定我们对别人的看法，确定我们不愿意相信什么，然后为此而战。我们会想象，但不会让任何人以任何方式质疑、冒犯、居高临下、扼杀、反驳或威胁我们，不允许别人让我们感到自卑，不允许他们说我们错了，也不允许他们阻碍我们。我们知道自己是谁，这才是最重要的。

听起来颇有掌控力，对吧？我以前也这么认为。然后我开始思考那些防御性的自我暗示。为什么我认为有那么多人想要质疑、冒犯、扼杀和反驳我呢？既然我愿意甚至渴望学习和成长，只要我觉得这是我的选择，我就能完全控制，为什么我要如此紧紧地抓住我在集体中的身份？为什么我们反复告诉自己一些事情，暗示很多人想从我们这里拿走一些东西？

我意识到，如果我愿意用对别人错误的判断来换取幸福，那我可以愤世嫉俗。或者，我也可以考虑这样一种可能性：每天醒来都想拥有安全感和幸福感，想要被人接受和理解。他们不想因为一个错误而受到批评，当有人给他们一个真诚的、超长时间的拥抱时，他们的内心会充满温暖。

关注他人会让你幸福吗？这取决于你如何看待这个问题。关注别人会分散你的注意力。我们都有欲望、恐惧，都不完美，给予他人我们渴望的爱，人与人之间的联结才会成为真正幸福的源泉。

在我和我们之间建立平衡

创造自主感和归属感：

• **认清你是倾向于极端个人主义，还是倾向于持续与他人保持联结。**你是否倾向于长时间独处、回避社交场合？你是否将自己与他人隔绝，担心他们会伤害你？或者，你觉得有必要和他人共事吗？独处会让你感到焦虑吗？

• **找出可能造成这种不平衡的恐惧。**如果你倾向于极端的个人主义，你可能会孤立自己，因为你害怕别人会评判你。如果你不全天候地专注于你的目标，你就无法实现目标。如果你倾向于持续与他人保持联结，你可能会刻意与人交往。深入挖掘自己的内心，找出你内在的恐惧。

• **质疑导致恐惧的想法。**如果你害怕别人对你评头论足，那就提醒自己对方说的不是事实。或者，你可以认为这是他们爱你的表现，你的生活充满快乐和关爱。如果你担心你的人际关系不经常维护就会受到影响的话，请提醒自己这不是事实。如果你花时间培养和自己的关系，你的人际关系会更加牢固。

- 从今天开始创造有意义的平衡。今天就做出选择，度过高质量的黄金时光。这里的关键字是"高质量"，你可以独自散步，与你的直觉建立联系，或者去公园写日记。这是你感受幸福的时间，不需要任何人的参与或认可，然后留出一小段时间与他人分享快乐。你可以和朋友吃一顿午餐，彼此叙叙旧，分享快乐，或者是一项基于共同爱好的活动。关键是要在生活中创造条件，让你产生自主感和归属感。我们要朝着这个目标努力。

幸福是放下期望，感恩所有

当你什么也没有、什么也不想要、什么也不需要的时候，你便是幸福的。~ @rpvgriendt

幸福是学会爱你所拥有的，而不是执着于你所没有的。~ @unmemorablehero

放开一切吧，因为一切都是无常的！~ @ryanlederman

一定要认识到一点：你现在拥有幸福所需的一切。~ @TheStephy_Chi

幸福来自拥有健康的体魄，要对健康心存感激。~ @cyberfic

穿越痛苦，即得智慧

我们在生活中会遇到各种打击。比如，失业、失恋、破产等。这些打击会摧毁我们的期望。事实上，明天毫无疑问是不确定的，无论我们有多少期望，明天都会来了又去，该怎样就会怎样。不过，从某种程度上来说，接受这一事实会让好事更有价值，让坏事来得更加从容。

前几天，"小智慧"网站的一位读者写信给我，提到了我们两人的相似之处。她也来自马萨诸塞州，后来前往加利福尼亚州追求自己的梦想，结果也发现生活完全不像自己曾经想象的那样。年轻时，她认为自己会在30岁之前结婚生子、事业有成。没错，我们确实有很多共同之处。假如你告诉6岁时的我，我到了31岁的时候还是个单身狗，没有孩子，还弄不清楚自己长大后想做什么，那我会觉得不可思议。

我最喜欢的一本书《摇摆》，作者奥瑞和罗姆·布莱福曼解释了我们日常做出的一些不合逻辑的决策背后的心理动机。书中的每一个章节都很吸引人，但真正让我印象深刻的是我们对正义的承诺。作者引用了德国的一项研究。在这项研究中，陌生人以匿名方式每两人"合伙结对"，被关在不同的房间里，两人分摊10美元。每组中有一名参与者决定如何分配这笔钱，而另一名参与者必须决定是否接受对方的提议。如果一方拒绝对方的提议，那么这两人谁也拿不到钱。你可能会认为任何提议都不错，因为有钱总比没有好，但大多数情况下，当掌管分配权力的合伙人决定分给自己较高份额时，另一个人则会拒绝这个提议，因为这不公平。当研究人员用 100 美元代替 10 美元重复实验时，结果保持不变。

加州大学洛杉矶分校的研究员约瑟夫·亨里奇用 160 美元进行了同样的研究。160 美元相当于一个学生工作 3 天的收入。大多数学生决定平分这笔钱，因为这样比较公平。但他们也承认，如果调换角色，他们不会接受低于 50% 的额度。亨里奇把这个实验带到亚马孙河流域一处名为马奇根加的偏远地区，在那里完成了此项研究。与其他实验不同的是，这里的人愿意接受任何分配方式，因为这笔钱本来就不是他们的——如果瓜分者选择占有更大的份额，他们实际上也能理解其中的原因或对方的想法。他们并不认为自己理应分得一半，而是无论分多分少，都心存感激。

这可能看起来不符合逻辑，但实际上意义重大。我们对世界上的事物应该如何运作抱有很多想法，有时这些想法会让我们看不到事物本身的美好。如果生活只给了我们自认为应得的 30%，我们就会认为这是不公平的，完全忘记了能得到一点点也是无比幸运的。

今天的你可能一如既往地不完美、不平衡，并且压力重重，但你依然应该感到幸福。去掉执念，摆脱当下的压力，不要期待这种感觉会永远持续下去，也不要担心这种感觉结束的时候会很痛苦。相反，一定要让自己去享受、感恩眼前的一切，抓住眼前的这一刻，这就足够了。

从期望转向感恩（不要自满）

如果你发现自己总是纠结于公平与否，总是有一种缺失感：

• **养成每天感恩的习惯。**每天早上在感恩日记中写下 3 件值得感激的事，每天至少告诉 3 个人你有多么珍惜他们为你做的事情（当面感谢或在线感谢）。关键是要让你的大脑在任何时候都能认识到生活中所有积极的事情。这并不能保证你会吸引所有你想要的积极的东西，但你更有可能专注于真正重要的事情，并坦然面对当下的情况。

• **与其哀叹所谓的不公，不如努力发现自己是多么幸运。**如果品德不良的同事赚的钱比你多，那就提醒自己，你很幸运，拥有强大的价值观。如果你的妻子对你不忠，又在离婚时捞了一笔，那就提醒自己，你很幸运，能摆脱不健康的关系。你要决定自己不会陷入受害者的心态而无法自拔，因为世界上还有那么多美好的事情。

• **练习提高接受能力。**如果在我之前提到的实验中，你拒绝接受 30 美元，因为你的合伙人想留下 70 美元。但之后，你看到某个你需要的东西标价 30 美元，此时你可能会希望自己当初接受对方的提议。你当时没有接受,因为你太沉迷于本能的情绪反应,无法理性地权衡选择。如果你能接受现状,为自己未来的需求做出最合理的选择,就表明你提高了自己的接受能力。与其抱怨自己没有得到的,不如转移注意力,利用自己现有的条件,完成力所能及的事情。

第六章
爱情

为什么恋爱很难？

如果两点之间的最短距离是一条直线，那么恋爱可能就是通往幸福的直线——很多人都是这么认为的。大量研究表明，有意义的社会关系是持久幸福的基石之一。还有研究表明，有恋人的人有更大的幸福感，因为承诺创造了安全感。但通常情况下，我们会对恋爱关系产生不切实际的期望，导致自己陷入失望和矛盾之中。恋爱初期，我们会有一种狂喜般的幸福感，似乎我们的快乐永远不会消退。但一切都会随着时间的推移而变化，没有什么感觉是永恒的。

恋爱伊始，我们享受着对方的爱慕和关心，整个人完全沉浸在对方带来的兴奋和新鲜感中。时间一长，我们逐渐接受了这种新情况，并将其视为常态。心理学家称这种情况为享乐适应——我们最终又回到最初的幸福设定值，无论发生什么好事或坏事，我们都不可避免地回到之前的快乐水平。

虽然最近的研究表明，我们的设定值会随着时间的推移而改变，但这些变化不能完全归咎于外部原因，我们试图将其他人塑造成我们想要的样子，以重新创造最初的幸福。或者，我们会反复说:"我爱你,你太完美了。所以,还是改变一下吧!"

我们对别人期望过高的现象不只体现在恋爱关系上,我们也期待朋友和家人来验证我们对世界的看法。当他们向我们说出我们不愿相信的事实时,我们会感到沮丧。我们期待着别人来成全我们,然而当我们意识到被别人成全是一种不自由的选择时,我们会感到窒息。

从记事起,我就认为我的幸福与他人有关。当你知道我对除我之外其他所有人都感到恐惧时,你就会觉得我的这个结论是有根有据的。但是,假如其他人是我不幸福的原因,也是找到更幸福的答案,那我实际上什么都不用做,只需坐在那里盘算自己受了多少委屈,幻想着有一种爱,可以融化过去所有痛苦的记忆即可。

这是一种微妙的二分法,既害怕别人,又想接近他们。如果你阻止了所有情感亲密的尝试,又怎么可能去爱、去接受呢?我认为,这一点主要体现在网络约会上——这是全面审查潜在伴侣的唯一方法,而不必与他见面,不必向他敞开心扉,也不必冒着失望或被拒绝的风险。这就像网上看人一样,类似只看不买地逛街,或虚拟美容,不会感到懊悔。

我想,如果我看了足够多的照片,读了足够多的介绍,我就能找到自己一直在寻找的另一半——灵魂伴侣,就不会感到如此空虚和孤独。我知道人们总说你会在不经意间遇见那个人,但我担心错过,不愿意冒险。我认为让自己人生完整的唯一方法就是

第六章 爱情

积极主动,找到那个愿意与我携手一生的人。我已经准备好花大量时间去梦想、去寻找、去希望、去憧憬和哀叹我的单身生活,如果这样做能让人看到我的优点,并允许我不再关注自己的缺点。

在旧金山的第一年,我感觉爱情就是一场数字游戏,类似电话营销和横幅广告一样。我在 Craigslist 网站上约会了 17 次,在 eHarmony 网站上约会了 15 次,在 Match 网站上约会了 26 次。直到我在 MySpace 上的唯一一次约会经历,我才决定重新审视我对爱情的追求。

丹(化名)住在附近,从他的个人资料来看,这个人喜欢看电影、吃寿司和大笑。我也喜欢看电影、吃寿司和大笑。我觉得我们的开局不错,可能有戏。丹是一家太阳能公司的首席执行官——在我的择偶清单上,他仅次于"改变世界"那类人。他个子很高,外表英俊,长得像个大男孩,善于倾听。我们第一次约会时,他不停地点头,似乎在沉思我认为深奥的想法,偶尔会提问一些问题,好像对我所说的很感兴趣。他不太愿意讲述他自己的事情,但这种矜持的清高态度还是很吸引人的。也许这就是我这个人的做事方式:为了避免将来受到伤害,约会时总是先小人后君子,早早地把一切都说出来,摆在明处。丹则完全不同。

我和丹一起吃了 4 次晚餐,每次两人都忸忸怩怩,每次都是我在说、他在听。第 5 次约会时,丹告诉我他得了生殖器疱疹,说话时的语气十分平淡,就如同是在叫我把盐递给他一样,一如既往地冷静。我并没有感到太过震惊,因为我的大多数约会经历

穿越痛苦，即得智慧

都像一个巨大的重磅炸弹——曾经有个男人告诉我他是个牧师，但他和上帝的关系是开放的。我早已习惯于期待危险信号，因此如果遇到的只是普通的警告信号，我实际上是非常感激的。作为一个经常在网上搜索爱情的人，同时又暗自担心自己不配得到爱情的人，我明白网上约会需要对约会对象进行细致的分类。长期以来，这方面我做得得心应手，并且觉得自己不太可能被那些以前可能多次感受过这些事情的男人评判和伤害。

我能从骨子里感觉到，丹把自己的病情告诉别人是多么痛苦，因为我很清楚，许多女人会因为愤怒和厌恶拂袖而去。虽然我有些犹豫要不要破例接触一下他的身体，但我内心深处的南丁格尔挺身而出，张开双臂拥抱了丹。丹说我是第一个没有对他大喊大叫、没有打他，也没有暗讽他肮脏、污秽的女人。我没有把自己置于危险之中，因此我对他的感觉比我对自己的感觉更糟。我本来幻想着未来能和一个英俊成功的男人走到一起，爱我，包容我，听我絮叨，没想到他却得了病。如果他决心和没有性病的人约会，那将是一场艰苦的战斗。

虽然我们两人之间的关系明显一般，但我还是让他在下周五上午7点来接我。我知道我们有大量的时间单纯用来聊天，没有身体接触的压力，我觉得可以发展这种非传统的关系。在这个理由的背后，是一个更可悲的念头：我不确定自己能吸引到一个能给我想要的一切的男人。我想，至少丹会在情感上支持我，他也会感激我的支持，不会伤害我。

第六章 爱情

在接下来的一个月里,我们经常一起出去玩、看电影,就像一对不再浪漫的老夫老妻。我们之间的差别就像白天和黑夜一样明显:我精力旺盛,闲逛能逛到腿抽筋,而他则像一株盆栽植物,整天板着一张扑克脸;我这个人比较有想法,一心想要追求自己的幸福,而他则是位企业家,相信金钱能治愈一切创伤——这一点是我后来慢慢了解到的;我是一个滥好人,处处表现得积德行善,而他则像是一台没有感情的机器。我想知道,没有感情的生活是什么样子的——理性地思考每件事,用美元和美分来衡量每件事,没有任何情绪变化。我想他可能比我幸福得多,但我还是想改变他。外表如此冷漠怎么可能幸福快乐?一般来说这是不可能的,对我来说更不可能。

在我们 G 级约会(无性约会)3 个月后,我说想通过我的第一个博客"看到美好"在网上做一些有意义的事情,主要是关于期待和看到生活中最美好的事情,而不是担心和发现最坏的事情。那时我才刚刚开始明白,态度上的调整能深刻地改变我所经历的世界。我的想法是创建一个关于积极思维的博客,每月通过抽奖将 50% 的广告收入返还给读者。我认为这种做法很好,既可以传播积极的信息,同时又可以为订阅者做一件有意义的事情。我可以挣到刚好够用的钱,然后把剩下的都捐出去。这种事能让我感觉很好。

当我把自己的想法告诉丹时,他正在通过付费渠道寻找另一部电影。听了我的想法之后,他以一种从未有过的方式谈了他的感受。他说:"这行不通。你在写播客的时候,可能会觉得很温暖、动情,但没有人会在乎它,因而也就不会有人回来创造可观的收入。人们并不像你想象的那么美好、那么有爱心。大多数人都很自私,你也不例外。"

那一刻我真的想拂袖而去——说实话,我当时很愤怒,也很反感。他怎么能那样看待别人,而且还那样看待我?如果你最终不能在自己身上找到光明,也不能在别人身上看到同样的光明,人生还有什么希望呢?也许他只是想伤害我,也许他对我们柏拉图式的亲密关系感到懊恼,也许他感觉到我在利用他来填补自己的空虚,或者,也许奥卡姆剃刀定律又一次被证明是正确的,也许他说那些话是因为他就是那么想的。他有权这么做,就像我有权不这么做一样。

我们可以对事物产生完全不同的看法,从这一点来说无法断定谁对谁错,只是意味着我们彼此不合适。我早就知道,我们两人之间的关系,这种虚假的浪漫、友谊,一切的一切,保质期都是有限的,但我还是强拉硬拽、勉为其难地维持着。维系不可能有结果的关系,明知门不当户不对却试图强扭在一起,比放任自流,可能找不到更好的另一半更容易。磕磕绊绊的恋情总也好过单身狗。

就在那一刻,我得出了3个结论,彻底改变了我对恋爱的看法:第一,如果我不愿意成为对方该娶的女人,我就永远不会向对方放电。第二,如果我想在恋爱中感到完整,我首先要让自己完整。第三，如果我想谈一场正常的恋爱，我必须有正当的理由。

虽然我在过去的两年里一直处于一段双方都满意的恋爱关系中，但我绝不是这方面的专家，况且保持这种满意也绝非易事。双方见面后只要能产生感觉，我们就会试图在两人之间建立联系，有时理由充分，有时则没有理由。我们会心存期待、渴望，试图做出改变，试图勉强隐忍，有时会口不择言，又不可避免地会后悔。我们有时会靠近对方，有时又会拒人千里之外；有时会怀疑对方，有时又会信任对方。

恋爱中完全没有摩擦是不可能的。从某种程度上来说，如果我们选择和对我们有利的人在一起，有摩擦才是正常的。如果我们能很好地处理冲突，我们就能相互挑战，相互加强，彼此更加亲密。了解了这些冲突的产生原因，我们就能制定出最好的计划来解决矛盾。带着这个想法，我在推特上问道："为什么恋爱很难？"

恋爱是面镜子

恋爱反映了我们如何看待自己，而了解自己并不容易。~ @Matt_Arguello

恋爱让我们看到自己的影子。对我们大多数人来说，看到影子、与影子相处都是痛苦的。~ @lisadelrio

恋爱很难，因为恋爱永远达不到我们不切实际的理

想，因为恋爱暴露了我们的不安全感。~ @amanofpeace

在恋爱中，你要面对自己。~ @chancebuddhism

恋爱很难，因为恋爱反映了你内心尚未解决的问题，并面对着你原本可以避免解决的部分。~ @Falcongriffith

你在自身之外看到的一切都是你内心的反映。比如，生气时，你会注意到麻木不仁、粗鲁无礼的人；匆忙中，生活似乎以冰川般的速度前进，只是为了妨碍你前进。恋爱会让人感到更加不舒服，因为恋爱这面镜子在移动。

迪帕克·乔普拉在他的书中概述了7个原则，帮助我们更自由地感受爱情，其中第一个原则针对的就是这个问题。他解释说，当恋爱中出现不和谐时，我们最好审视自己的内心，并思考我们应当如何解决问题。如果我们寻求的是更多的关注和欣赏，也许我们应当更关注和欣赏对方。这并不是说我们不应该交流我们想要和需要的东西，只是我们在试图改变他人时往往会感到沮丧，而事实上遵从我们自己的内心做出改变，效果会更好。如此一来，自然也会改变我们周围的世界。

镜像反映的不仅是我们想要看到的变化，有时候，我们在别人身上看到的是自己内心深处的想法，但表面上却矢口否认。承认自己的缺点并不总是那么容易，但这并不意味着我们潜意识里没有意识到，也不意味着我们最终不会认识到自己的缺点。有时候我们更容易在别人身上注意到这些缺点——不管对方到底有没有。心理学家称此为投射,即否认我们自己的特征,然后将其归因于他人的行为。这是一种防御机制,可以让我们避免接受我们不愿拥有的品质或想法。西格蒙德·弗洛伊德解释说,投射有助于我们最大限度地减少内疚感,因为它可以让我们避免拥有不受欢迎的特质。

人们总是相互投射。一位好胜的朋友曾经问我,我是否认为,每一个认识我的人都希望我在生活中失败,因为他们对我所取得的任何成功都嫉妒并感到威胁。以我对她的了解,我不禁怀疑这是不是她无意中的坦白,她内心真是这么想的。与此同时,我也同样感到内疚,因为她说这话的那一刻,我就把自私投射到她身上,而这其实是我对自己最大的恐惧。

注意,镜像和投射是我们能为人际关系所做的最有利的事情之一,但自我并不总是对我们挑战自己感到兴奋。如果我们的思想、信仰和感觉构成了我们的身份,那么任何暗示它们应该立即改变的暗示都会让人感到威胁。如果你相信你就是你的思想,你怎么能改变你的思想呢?改变思想无异于赴死。如果你怀疑自己的弱点决定了你的性格,你怎么能承认自己的弱点呢?承认弱点无异于给自己贴上缺陷的标签。

也许并非如此。坦诚待己,为自己对他人的感情负责,或许会让我们变得强大起来。当你考虑到你在别人身上看到的东西也存在于你自己身上时,你也会敞开心扉,发现你从未意识到自己拥有的美好。在瑜伽课上,下课时我们总会互相致意,说一句梵文"namaste"，意思是"我身上的光向你身上的光致敬"。就像我们能在别人身上看到自己不那么吸引人的地方一样，我们也能发现自己的优点。我们在别人身上看到的一切，在自己身上也有。如果你羡慕某人的勇敢，要知道你也有能力变得勇敢；如果你叹服某人的无私，要知道你内心也有同样的无私。我们都是由同样的物质组成，都有可能犯错误，也都有可能创造奇迹。我们之间唯一的区别在于，我们把注意力集中在哪里以及我们选择做什么。

话虽如此，无可否认，拥有积极的品质比拥有消极的品质要容易得多。这就是为什么父母经常把孩子做的好事归功于自己，却认为坏事皆是因配偶一方及其家庭所致。没有人愿意认同消极的行为，因此，我们最终会因为害怕承认自己和别人一样而评判别人的行为。当我们拒绝别人、拒绝同情对方时，我们实际上是在用我们对待自己的方式来对待他们：严厉而自责。

我和现在的男友是大学毕业之后的第一段长期恋爱，也就是说我约会了将近10年。埃伦善良、无私、可爱、无忧无虑，而且有着超出其年龄的智慧。在我看来，在我选择开始积极地成为我想成为的人之后，突然和一个令人钦佩的人开始正常的恋爱，这并非巧合。之前，我根本看不到别人的优点，也无法对任何人好。直到我不再相信自己受伤害是罪有应得，我才学会疑罪从无，而不是怀疑对方有意伤害我。我们所感受到的和所看到的之间有直接的联系，而且两者总是在不断变化。当你意识到每个人都有黑暗和光明的两面，并且认为自己也是两者兼而有之时，你就能更好地接纳别人，也不会感到内疚或恐惧。说得再简单明了一点：只有当你能够善待自己、关爱自己的时候，你才能给予和接受他人同样的友善和关爱。

创造更完美的恋爱形象

如果你发现自己对所爱的人感到愤怒和挑剔：

• **批评对方之前，问问自己是否也具备你所厌恶的品质。**你怀疑男朋友出轨，也许因为你是个轻浮的人，所以觉得他也在做同样的事。你认为妻子很懒，让你颇为头疼，这也许是因为你父亲总是说你懒。认识到你拥有这个缺点，以及当你承认自己拥有这个缺点时的感受。愤怒很可能不是来自别人的所作所为，而是你对拥有这个缺点的感受。

• **正视你所投射的东西背后的感受。**如果你正在投射一些让你感到内疚的事情，要么坦率承认，要么改变你的选择，这样你就不会继续感到如此矛盾和怀疑。如果你投射的是不喜欢自己的特质，那就同情和原谅自己，这样你就能同样同情和原谅那些具有这方面特质的人。只要你对某种特质感到羞耻，你就会在别人身上认识并强烈反对这种特质。接受别人并给予他们应得的爱的唯一方法是首先接受自己、爱自己。

• 每天问问自己怎样才能塑造出自己希望的形象。如果你想要一个独立、关心、体贴、勇敢的另一半，那就每天培养自己身上的这些品质。先管理好自己，经常联系你爱的人，让他们知道你一直在他们身边。如果他们没有对你付出真爱，你也会觉得自己足够强大，可以离开对方，寻找更好的伴侣。

要想幸福，必须充实自己，而不是依附别人

恋爱之所以很难，是因为我们经常从别人那里寻求我们没有给予自己的东西。~ @arvinddevalia

你很容易忘记你必须继续爱自己。~ @anibunny

有时，我们期望别人来填补只有我们自己才能填补的空虚。~ @nhweas

恋爱之所以很难，是因为我们担心能从中得到什么，而不是能给予什么。~ @unjordi

拥有很难，但不要紧抓不放。要享受亲密，但不要陷入依恋的陷阱。~ @SevenZark

第六章 爱情

在影片《甜心先生》中，杰里·马圭尔那句"你让我更完整"的台词让全世界的浪漫者怦然心动，同时也延续了一种不合理的想法，即我们可以以某种方式填补彼此之间的空虚。创造这种相互依赖的幻想并不完全是汤姆·克鲁斯的功劳。希腊哲学家柏拉图在公元前385年~公元前380年的《会饮篇》中探讨了这一观点，他认为原始人类雌雄同体，既有男性器官，也有女性器官，但宙斯把他们分成两个独立的身体。从那时起，被分开的这两部分注定要寻找彼此——寻找他们"被分离的那部分"或灵魂伴侣，重新成为一个整体。

如果我们决定培养天长地久的爱情，那么相信"在世界上的某个地方，我们每个人都有一个完美伴侣"的想法，要比那种认为"我们跟谁在一起都能琴瑟和鸣"的想法要特别得多。我们不想把寻找爱情当作找工作，我们想把爱情看作一种注定能让生活更轻松美好的东西，想把它看作某种深刻的、超凡脱俗的、甚至神圣的东西。我们希望我们和恋人之间的吸引力是精神层面的深度吸引，而不是理性或生理层面的，如此一来，相互依赖的舒适感反而更开明。

内在不完整的人不可能与他人建立平衡的关系，因为他们总是需要依靠他人。我的一个朋友曾经说过，人就像一杯水，两个人走到一起时杯中必须都装满水，否则其中一人必须把自己杯子里的水倒进对方的杯子里，但如此一来，你们俩杯中的水都不足，需要不断地给对方杯中加水，以弥补两人的不足。我已经走完人生路的 1/4，正努力寻求剩余 3/4 的幸福。我可以证明，如果你对恋爱之外的生活感到不满，那么在恋爱中你也不可能感到满足。

我的一个老朋友杰德称自己为"完美的恋爱女孩"。她和 20 多岁时"连环约会"的我截然相反，每次结合都是两情相悦，很少会在没有下一步计划的情况下结束一段感情。假如我让杰德介绍一下自己，她肯定会滔滔不绝地一口气说出一长串与对方在一起时的自己：热心、支持、深情、可靠，好像只有恋爱中的她才有存在感。这并不是说我们给自己贴上的标签一定要定义我们，只是我们所经历的一切都是注意力决定的结果。如果我们从不培养独立的自我，除了无私和互惠的期望之外，就没有太多东西可以提供给对方。

杰德每次都是这样。她非常清楚别人应该在情感上、身体上和精神上满足她，而她也会全力付出，几次约会之后就开始规划未来。当发现对方不能满足她的需求时，她便会感到空虚。她交往多年的男朋友，30 岁出头就去世了，这对她来说也是一场悲剧。杰德说，男友去世后，她的生活失去了意义。但一个月之后，当她开始下一段恋爱时，一切都变了。她之前的话说得没错：只有恋爱中的她才有意义。

通过他人来定义自己的讽刺之处在于，如果我们忠于自己，那么我们更容易在人际关系中体验到幸福，这意味着我们必须有一个强烈的自我意识。与言不由衷、身不由己的伪装相比，毫不掩饰地坦诚与真实能让我们内心更加平和。如果你愿意改变现状以确保自己不会再次分裂，你如何才能忠于自己的信念呢？

人们经常谈论结婚，好像结婚能带来持久的幸福，然而我们都知道无数已婚夫妇经年之后变得彼此刻薄而疏远。期望越大，失望越大，因为与他人之间的关系永远无法填补幸福的裂缝。正如哈佛大学心理学教授丹尼尔·吉尔伯特在2010年美国心理学会上所说："婚姻并不能让你幸福，幸福的婚姻才会让你幸福。"幸福的人更容易创造幸福的婚姻。

完整的人在恋爱中更容易感到完整。所以真正的问题是：什么是"感到完整"？怎样才能感到完整？

无论恋爱与否，努力保持完整

如果你觉得自己需要恋爱才能完整：

• **选择做你今天想做的事，不管你是单身还是恋爱。**如果你是单身，列出你等待和未来伴侣一起做的所有事情，现在就去做——比如度假，或者参加烹饪班。如果你正在谈恋爱，每天坚持做一些对方不参与但你自己喜欢的事情，无论是早上散步还是和朋友一起吃午饭。这样做的目的是让恋爱成为你生活的一部分，而不是全部。

- **每天练习爱自己。** 我指的是爱真实的自我，而不是大多数人每天看到的那个你。花时间写写日记，谱写乐曲，或尽你所能承认自己的感受，接纳真实的自己，爱真实的自己——无论善恶与否。很多时候，我们会依赖别人让我们对自己性格中那些不那么讨人喜欢的部分感到满意。给自己一个你希望从别人那里得到的认可。因为你的缺点而爱自己，而不是刻意忽视你的缺点。

- **去掉伴侣身上的光环。** 如果你觉得另一半是你最终的命运，那么你会给这段关系带来巨大的压力。记住，你身处很多关系，即使恋爱关系比较特殊，还有很多其他特殊关系需要培养，比如亲情与友情的关系。你可能在一段恋爱中很幸福，如果这段恋爱关系结束了，你仍可以很幸福。

期望给恋爱带来压力

恋爱之所以很难，是因为我们期望它很容易。~ @kolormyworld06

恋爱之所以难，是因为我们不仅给这段感情施加了太多压力，还给和我们在一起的人施加了太多压力。~ @

第六章 爱情

Ms Crivera

如果我们对自己所爱之人期望太高,让对方感到了巨大压力,我们之间的爱情也就走到了尽头。~ @kumudinni

我们认为我们的伴侣应该是完美的,却给了自己很多犯错的空间。~ @karawow

我们总是试图按照自己的想法来改变对方。~ @mayasaputra

积极的人会往最好的方面想事情,消极的人则会往最坏的方面想事情。所以,如果有好事发生,消极的人会感到颇为惊喜。这两种态度都不会带来健康的恋爱关系。2010年8月26日,马克·怀特在"今日心理学"网站上发表了一篇帖子,他将期望称为"义务的另一方面",并指出这两者都是关系出现问题的信号。如果我们能很好地沟通我们的需求,那么我们应该出于爱和欣赏来满足彼此,而不是出于义务。我们不一定要对爱和欣赏有期望,那样就失去了爱或欣赏的意义。

怀特在帖子的结尾说,自己的这种观点可能是一种天真和过于浪漫的简化;也许的确如此,但这个想法还是有道理的。大多数时候,当恋爱中的两人出现冲突时,是因为其中一方没有达到另一方的期望。从第一次见到对方的那一刻起,我们就开始对其产生期望,即使不是有意识的,也是下意识的。

首先，是理想主义的期望：我们会以某种方式使彼此完整。既然不可能给别人他没有给自己的东西，那么我们最终就会对爱情感到幻灭。其次，是因过往而对现在产生的期望：跟昔日所有的恋情相比，当下的恋情看起来是最好的，而不是最坏的。但事实上，每一段新的感情都是不同的，新的伴侣不可能对以前发生的事情负责。比如，新男友不应该为前男友的不忠买单；不能因为前女友不分场合的秀恩爱，新女友就一定要喜欢秀恩爱。除此之外，还有那种对极度兴奋的无限期望：蜜月期的快感必须持续下去，如果没有持续，一定是出了什么问题。事实上，如果你们在一起时总是感觉不够舒服自在，导致你们的关系平淡乏味，那有可能是出了什么问题。

上面谈的只是期望的冰山一角，冰山的其余部分提供的诸多内容大同小异：期待我们的另一半给我们带来快乐而不是痛苦，即使这种痛苦是因为我们实际上对所发生事情的理解造成的。如果你总是为男友做出牺牲，他却没有为你做出同样的牺牲，你可能会认为他不够在乎你——也许他只是没有意识到你如此努力付出是为了得到特定的回报。如果你希望和女友分享激情，每当她不迎合你的时候，你可能会感到痛苦，认为她不关心你。但这也许只意味着她足够尊重自己，并认为你也会这样做。

在所有的期望中，最具破坏性的是期望其他人在某种程度上对我们的感受负责。我曾经在相当长的一段时间内陷入恶性循环：忽视自己的需求，对某个不值得的人大发雷霆，把自己几周以来压抑的所有情绪都归咎于他。为了取悦别人,我忽略了自己的需要;为了让他们喜欢我,我将他们的需求放在自己的需求之上。我没有设定界限,而且通常期望确保我与他人的关系值得我付出努力。在经历了几周的痛苦之后,我会感到沮丧、愤怒、怨恨、失望和悲伤,心绪难平,但我不知道是什么引起了这些情绪。那种感觉就像情感的浪潮一样,一波未平一波又起,整个人眼睛发红,啜泣不停,胸部抽搐。

指责身边的每个人要比认为是我引起了这场焦虑的海啸容易得多。我这么沮丧都是我朋友的错——她只在需要帮忙的时候才打电话给我,从来没有真正关心过我过得怎么样。我心烦意乱都是男朋友的错——他不像我那样努力工作,这给了我很大的压力。如果有人为我的情绪超载负责,那就不用我独自一人负担了。我没有想到的是,当我们给别人带来负担时,我们就会失去改变自己感受的力量,也会破坏一段有助于唤起积极情绪的关系。

现在,当我感到不舒服而又无法确定原因的时候,我就会从自己的选择中寻找原因。有时,我仍然需要家人和朋友的帮助,但改变自己感受的责任始于我,从我选择说什么和做什么开始。

这并不意味着我们不应该对别人有任何期望。特丽·奥布奇在她的著作《5步让你的婚姻更上一层楼》中,强调了现实的期望和不现实的期望之间的区别。如果彼此相爱,激情就永远不会消退——这是不现实的期望;但如果你花时间和对方交流,可以避免以后不必要的麻烦——这是现实的期望。同样现实的是,如果某个人爱你,他通常会尽最大的努力;如果你想要更多,只要是合理的,他会尽一切努力提供给你。无论你需要什么,明确地表达出来,然后出于爱而不是义务去回馈对方。

沟通需求,降低期望

如果你觉得自己的期望没有得到满足:

- **说出你所需要的,不要奢望太多。**这并不意味着你爱的人在你没有特别要求的情况下,就不会为你付出。如果你希望在工作时收到鲜花,问问你的男朋友他是否会给你一个惊喜。如果你想让你的女朋友花更多的时间和你的家人在一起,告诉她这对你很重要,看看她的想法。你只能合理地期望得到自己想要的东西。

- **做你需要为自己做的事情。**每个人都有自己的需求,无论是下班后去健身房还是在周末独处。如果有人要求你做某事,而只想尊重自己的需要,那就遵从你的内心。对于你希望伴侣为你做的任何事——比如爱你、理解你、照顾你,你也要每天积极地为自己这样做。如果你不照顾好自己,你可能会对伴侣产生更强烈的期望,因为你需要填补的内心空洞很大。

- **创造一个体贴的环境。**随着恋爱关系的发展,一些小事往往会被忽略,双方会对此感到不满,但也不会主动选择重新创造之前那种体贴的环境。你需要为想要的关系定下基调。如果你期望爱情中的卿卿我我,就要从自身做起。你的付出并不是为了得到同样的回报,相反,你是在承担恋爱中的责任。

恋爱很难,因为每个人都是独立固执的认知个体

恋爱涉及人,而每个人都是一个宇宙。你能想象宇宙碰撞吗?~ @uno_br

每个人都有自己的疯狂,但很少有人会承认这一点。我们需要认识人类这种复杂的疯狂。~ @TangoKarnitz

恋爱很难,因为每个人的感知都是独一无二的,每个人都在根据自己的感知进行反应。~ @SuliloByDebbie

恋爱需要有意识的努力,需要降低自尊——而这两者在自主的个人主义社会中很难实现。~ @spitzmpa

恋爱很难,因为它意义重大。恋爱中的两个人不可能总是意见一致,每个人都有其独特的个性。~ @NikkiFaith

我们大多会竭力控制自己对世界的看法。认知神经学教授克里斯·弗里恩在《心智的构建》一书中说，我们对世界的看法在很大程度上是基于对过去记忆理解的产物。因为我们都有不同的背景，每个人看待事物的角度都不完全一样，我们往往把自己与已经形成的理解联系在一起，好像这些认知构成了我们的身份。当未来按照我们所设想的那样发展时，我们就会有安全感；当外界无法证实我们认为自己知道的事情时，我们就会感到威胁；当外部世界无法证实我们的身份时，我们几乎不知道自己是谁。

这就是为什么大多数人会选择和自己看法相同的朋友交往，因为这些人是"了解"我们的人。这与我们的弱联系无关——社会学家用"弱联系"这个词来定义我们的熟人、同事和其他松散的关系。但在我们牢固、亲密的关系中，我们期望他们会始终如一地证实我们的观点，并在这样做的过程中认可我们。如果他们不理解我们，或者不按照我们对事情应该如何运作的想法行事时，麻烦就开始了——这个时候通常我们认为自己是对的，别人是错的。

这也是为什么我们经常认为自己是对的，即使我们很明显是错的。心理学家将这种现象称为"后见之明偏误"——我们认为自己在得知某事之前就知道这件事，或者在事情发生之前就能预测到这件事，即使我们做不到这一点。博文《你不那么聪明》的作者大卫·麦克雷尼曾就这一观点发过一篇有趣的帖子，文中引用了两项关于老年人的研究。一项研究揭示，老年人不能很好地接受新信息。另一项研究表明，拥有智慧的老年人往往比年轻人更快地完成大学学位。然后，麦克雷尼抛出一枚重磅炸弹：这两项研究实际上都是他编造的，但二者似乎都提供了我们可能认为我们已经知道的常识性结论。我们通常会修正过去的信念，从而确信自己是正确的，至少在某种程度上是这样的。

上大学的时候，我有一个朋友杰茜卡，她对任何事情都要求必须正确。为了确保朋友、亲戚同意她的观点，她不惜同他们制造摩擦矛盾。刚开始是一些小事，比如厕纸摆放的具体方式，或者走路时选择特定的路线等，之后发展到某些大事，比如宗教和政治。和杰茜卡在一起很累，因为我不知道她什么时候会盘问我，找出我观念中的瑕疵。我理解她的不安全感，因为当别人不同意我的观点的时候，我也会感到同样的威胁。我只是在胁迫中表现出被动的侵略性，因为我迫切想得到别人的认可。

大一快结束的时候，我们发生了严重的争吵，因为我决定在被拒绝后重新参加表演课程的试镜。杰茜卡已经参加了第二次试镜，但未能入选。在那之后，她认为没有人应该费心重新试镜，因为如果你在大一之前没有通过，就不可能被录取。她花了两个星期的时间试图说服我不要尝试——先是公开劝说，然后在我明确表示不会放弃时，改为旁敲侧击。我猜她的自尊心很难挑战她所形成的信念，但我不愿意在没有亲自发现的情况下就接受她的结论。当我被录取后，杰茜卡改变了自己的推断，因为没有人能在大二时成为表演专业的学生——这种说法已经不成立了。她觉得自己之所以落选，只是因为她是西班牙人，而这个项目的负责人是个种族主义者——杰西卡说她一直都怀疑这一点。

从某种程度上来说，我们都会执着于自己的想法——关于什么是好的、什么是坏的，关于其他人应该如何行动的想法，以及关于人们应该如何回应我们的想法。当别人不同意我们的想法时，我们会感到很焦虑。我们知道什么样的想法比较安全，往往宁愿受罪也不愿冒险破坏这些想法。我们宁愿与所爱的人斗争，迫使他们面对承认自己错了的不适，也不愿认为也许没有人是错的——我们只是看问题的角度不同而已。或者，也许实际上是我们错了，如果我们考虑到这种可能性，我们可以获得新的知识，并在未来真正做到正确。

如果我们能接受自己的感知不一定正确，并且能在感到有必要为压力而战时客观地看待自己的压力，我们与他人的关系就会更加和平。这并不总是那么容易，因为我们会本能地根据之前学到的东西和让自己感到安全的东西来回应这个世界。挑战这种冲动的一个好方法就是问自己：什么更重要——正确还是幸福？如果你重视对方，并且不想让争吵伤害你或你们的关系，那就求同存异，继续生活。总之，让爱情关系保持鲜活和稳固的秘密在于：彼此奉献，相互理解，互相关爱，消除恐惧，减少争吵。

选择幸福而不是对错

如果你发现自己在为某个信仰或想法而争吵：

• **学会甄别，分清轻重缓急**。一方面，当有什么事情困扰着你时，你必须告诉对方，这是解决问题的唯一办法。另一方面，你不必让每件事都困扰你。如果你不确定这件事是否值得提出来，问问自己："这种事经常发生而且让我感觉很糟糕吗？从大局来看，这真的重要吗？我能否理解对方的感受，而不是纠结于自己的不安全感？"

• **找到问题的根源**。从表面上看，你们可能是在为钱而争吵，但实际问题背后可能有其他感受。事实上，甚至可能是来自另一个事件的残余感受助长了这场对话。停下来问问你自己和对方：真正的问题是什么？

• **克制自己拿出证据的冲动**。在捍卫我们认为正确的东西时，我们都会成为夸夸其谈的律师——有时这意味着我们只是在阐述自己的证据，而没有认真倾听对方的意见。不要打断别人的讲话，要以开放的心态仔细倾听。你可以倾听别人的想法，但不一定要接受他的观点，只是单纯地聆听。互相倾听、互相尊重的关系要比为了对错而不断争吵的关系更重要。

• **坦然地告诉对方:"我们不再争吵,求同存异。"** 不同的人自然会有不同的看法,双方没有对错之分。如果事情需要你们双方达成某种共识,比如如何抚养孩子,或者如何处理遗产,那就采用折中方案,找到一个双方都同意的解决方案。双方各让一步,体现了彼此之间足够的关爱和尊重。

第七章

金钱

你需要金钱才能幸福吗？

我之前提到的纪录片《幸运》记录了几位彩票中奖者的生活，其中有一对夫妇说他们赢得 1.1 亿美元的奖金是命中注定的。他们提供了一个有趣的见解，让我们看到金钱对人际关系的影响。这对夫妇赢得大奖之后，之前亲密的朋友大多不再与他们联系，有一个陷入经济困境的朋友甚至说，看到那些刚刚富起来的朋友们，他就觉得恶心。也许这种心态可以追溯到有关大众对公平执念的研究，彩票中奖者实际上就是不劳而获，至少从大多数人的角度来看是这样的。

但对彩票中奖者的研究表明，中奖者大都精神抑郁、酗酒甚至会自杀。巨大的意外之财不可避免地会引起嫉妒，给人际关系带来压力。你还有可能成为罪犯的抢劫目标。还有一个问题就是：如何花这些钱？如何消磨不需要工作来谋生的时间？人们往往以为什么都不用做是通往幸福最可靠的途径，事实上，时间才是终极资产。如果我们把时间花在让自己满足的地方，不管是否能得到金钱的回报，我们都更有可能体验到幸福。

2008 年年初，我在旧金山做临时工。在此之前，算上我所有的全职工作和短期工作，我已经打过100多份工。我的年收入从未超过3万美元，尽管我工作努力。我相信，只要不断努力，一定可以积累巨额财富。我和其他大多数相信美国梦的美国公民一样有这种期望。根据2009年哥伦比亚广播公司的一项民意调查，即使处于经济危机，这一期望的比例也高达72%。我经常沉迷于幻想中，认为足够的努力和奋斗会让将来的一切都变得完美。有朝一日，我可以随心所欲，再贵的香槟都喝得起。

二月的一个星期一，我找到了两份工作。那天早上，门洛帕克的一家初创公司为我提供了一个年薪超过5万美元（不含奖金）的职位。作为网站的内容营销经理，我负责撰写博客文章、销售文案和每周简报。那天晚上，我因庆祝而喝得有点儿醉，同时完成了一个电话面试，申请在一家宠物网站担任每周20小时的写作职位。结果，鬼使神差，我竟然得到了这份工作。我对自己醉酒参加面试颇感内疚，好在结果对我有利。在接到这两个电话之前，我已经向近100家公司投送简历，没想到在不到24小时的时间里，我的时间投资获得了巨大的回报。

我告诉这两家公司下周一可以开始上班，这样我可以趁着上班前这段时间重新安排一下自己的生活，以适应每周70多个小时的工作日程——这两份工作每年能给我带来超过7.5万美元的收入。我做的第一件事就是买了一辆车，是在分类广告网站上找到的一辆二手车。然后，我在圣马特奥找到了一套公寓，这是我自己的第一套公寓，小区有健身房、游泳池和带喷泉的池塘。我的房租涨了一倍多，但看起来还是值得的。我想象走进属于自己的家，把钥匙挂在门边一个花里胡哨的钥匙架上，然后端着一杯红酒，高贵地站在阳台上，像一个勤奋、受人尊敬的成年人。我愿意花很多时间来换取那一分钟的骄傲。

在我开始全职工作的前几周，我从早上9点工作到晚上7点，熬夜到午夜，完成与宠物有关的写作。当我从合同工变成正式员工时，我在接下来的3周内都保持着这样的时间表。除了工作，我几乎不做其他事情。每个月，当我在银行存上1 000美元时，我都觉得自己聪明能干、有价值，感觉一切尽在掌握之中，正在朝着更好的方向前进。

除了工作间隙的瑜伽，我没有时间在生活和工作之外享受生活。8月份，我所在公司的以色列总部决定关闭美国办事处。我的大多数同事顿时成了多余的人，当他们提出让我继续居家办公时，我好像中了头彩一般。我可以制定自己的时间表，把阳台变成办公室，穿着睡衣工作，节省一个小时的开车时间。还有一点别忘了：之前午餐时间偶尔喝的玛格丽特酒，我现在想什么时候喝就什么时候喝。

大约过了两周，我感到自己被当下的处境困住了。第一天我没有在阳台上工作，因为我好久没有洗澡，头发蓬乱得就像初中毕业照上的自己，张牙舞爪。屋内的家具也不够用。我只在玻璃

穿越痛苦，即得智慧

拉门外面种了一株室内盆栽植物，里面也没有餐桌或书桌，只能把沙发当作正式的工作场所。我从来没有在午餐时间喝过玛格丽特酒，因为我的工作量增加了很多——即使省去上下班通勤的时间，每个工作日也增加了两个小时的工作时间。此外，我还有一些其他工作需要完成。

我很少离开公寓，每周从星期日工作到星期五，从日出干到日落，星期六补觉。我的工作时间很长，部分原因是公司正在为我们的百份周报使用新的专有系统，软件团队在调整代码时经常会删除我的工作内容。这种工作环境没有职场中那种强制社会化的要求，所以我几乎从未与真正的人类有过交流。随着时间的推移，我的沙发变得越来越不结实——我甚至做噩梦，梦见沙发变成了恐怖喜剧片《绿魔先生》中奥德丽二世的超微纤维版本，把我整个吞下。但我从未考虑过买合适的家具，因为把公寓变成商务套间会减少很多在家工作的乐趣。大多数时候，我只穿着睡衣，我经常感到过度劳累、精疲力竭，也时常感到焦虑，担心一早醒来发现还有工作没有完成。

我日复一日地做着同样的事情，却没有成就感、不快乐、不平衡。我在写作，而且收入颇丰，我还想要什么？又能有什么呢？如果我不继续做目前正在做的事情，我怎么可能获得成功呢？如果我不愿意比别人更努力地工作，我有什么希望成功呢？如果我离开自己擅长的领域，尤其是当其他人都失业的时候，我该怎么办？我必须继续努力，这是到达成功彼岸的唯一

第七章　金钱

办法。

一个星期五的晚上，我已经 36 个小时没睡了，腿上还搁着笔记本电脑，就在此时我听到邻居们一路说说笑笑走进电梯。我想象着他们可能穿过的街道，他们可能讲的私人笑话，以及他们稍后可能为彼此买的一轮一轮的酒。有那么一瞬间，我真的考虑过混进他们这个小团伙，并且希望他们不会意识到我不是他们中的一员。就在这时，一封电子邮件突然出现在我的邮箱中。昔日"走遍美国"团队中的一位女士刚刚出版了她的第一本儿童读物，她利用环游世界的几周时间为一系列网站撰写了这本书。我还没有看完第一段，就感到一阵令人窒息的嫉妒。那个曾经与我并肩前行的人，分开后竟然做了如此多充满激情、有影响力的而且有意义的事情，还交了那么多的朋友！她的脸书主页讲述的是一个充满乐趣和包容的生活，是她自己选择、创造而且还在培养的生活。

有那么一瞬间，我感到非常内疚，因为我想要删除她的邮件，甚至没有为她感到一丝幸福。突然之间，内疚变成了感激。我不想偷走她的幸福或成功，只是想变得像她那样。我想享受我的时间，想要感受生命的意义，想要停止奋斗——除非奋斗能实现我的价值，并帮助我在世界上有所作为。最重要的是，我想知道，当我周围的人选择精彩人生时，我能够为她的幸福而高兴。

就在那时，我决定那天晚上不再继续工作，以后任何一个晚上也不再工作。这么多年来，我一直独坐孤室，期待能活出精彩人生，但时至今日却为了薪水而孤独。我们不应该整天忙于各种待办事项、电子邮件以及工作表格等。没有什么梦想或目标值得你完全牺牲今天的时间，指望明天会更好。不要指望别的途径，也不要一味指望未来。即使是一件确定的事情，如果不是我想做的，也肯定会让我感到痛苦。

于是，我决定辞掉那份全职工作，继续从事宠物网站的写作工作。只要这两家公司没有在接下来的一周内同时把我解雇，这个计划就堪称完美。如果换作从前，失业就意味着自由，因为没有人依赖我。现在，失业也意味着自由，但我依赖我自己。在刚刚空出来的日程表中，我加强了瑜伽练习，并计划把我每天使用的推特账户改造成一个关于幸福、积极与智慧的网站。经过几个月的计划，当我终于推出"小智慧"网站时，我开了一瓶上好的香槟。那一年我赚了不到 3 万美元，却拥有了幸福所需要的一切。

这似乎是一个合乎逻辑的观点，可以结束这场关于金钱和幸福的对话。如果我们享受时间，就不需要金钱，对吧？遗憾的是，事实并非如此——钱是必需品。2010 年年初，我的失业救济金用完后，遇到了一个大多数人都会遇到的问题：一旦我们确定了自己的激情所在，就必须弄清楚如何才能坚持下去。到底怎样才能维持生计？如果我们做自己喜欢的事，钱会来吗？这是问题所在。如果钱真的来了，我们会因为不用担心生存而更加享受激情吗？考虑到所有这些因素——所有让我们把时间花在有意义的事情上的简单决定变得复杂的因素，我们有必要再问一次：有了金钱才能幸福吗？这是我在推特上问的最后几个问题之一。

如果你已经很幸福，金钱可以锦上添花

你可以通过金钱来获得快乐，但如果你想用金钱来寻找幸福，最终会被金钱所利用。此类例子不胜枚举。~ @gabrielive

你需要稳定、安全感和自主权才能获得真正的幸福。金钱对这3个方面都有帮助，但激情也一样。~ @strangerdaze

只要做出想要幸福的决定就能幸福，不过最好还是决定有钱的幸福，而不是没钱的幸福。~ @joyousexpan-sion

幸福不需要金钱，你真正需要做的就是睁开眼睛，欣赏周围的美景。~ @YouKnowJayCub

金钱是幸福必不可少的一部分，能让我们的生活没有压力。但如果没有所爱之人，多少钱都毫无意义。~ @KristenBaert

看到那些关于悲惨的信托基金受益者和自杀的彩票中奖者的所有统计数据，我不禁想知道是否有人中了头奖之后还能幸福快乐。尽管我们在理智上可能都知道关于金钱和幸福的研究，但也

有很多人仍然怀疑，如果我们手上突然有了数百万美元的巨款，生活肯定会无限美好。只是媒体喜欢告诉公众彩票中奖者的悲惨遭遇——他们希望自己从来没有赢过大奖，或者把所有奖金都捐出去。这意味着媒体深知新闻卖点在哪里——有争议的得失故事，甚至可能是引人注目的东山再起。

在影片《幸运》中，前强力球彩票解说员迈克·佩斯问彩票中奖者："你会成为你梦想中的样子？还是会成为你内心深处最隐秘的样子？"这似乎是一个价值百万美元的问题，或者是一个价值2 540万美元的问题，因为这些彩票的总额通常会以某种方式计算出来。金钱真的能改变你是谁吗，还是仅仅放大了隐藏在其表面之下的东西？

让我们暂时忘掉巨额财富，转而思考一下中等程度的财富。我认识不少人，他们从中下阶层一跃成为中上阶层，却发现自己的生活并不幸福。大学毕业后不久，我接受了一份社会服务工作，时薪12美元，而当时我的一个没有大学学位的朋友克里斯每年销售收入超过10万美元。

克里斯在学校经常被欺负，因为他内向木讷，家里很穷。当他第一次拿到巨额薪水时，他似乎无意中过上了我们许多人梦寐以求的美好生活。从那以后，克里斯走起路来昂首挺胸，与人交往时直视对方的眼睛，他知道人们尊重他，或者应该尊重他。他比高中时说话更大声，他也不再抱怨游手好闲的父亲。之后克里斯买了一辆车，一套复式公寓，一个全新的衣柜，以及大量的维

第七章　金钱

柯丁和可卡因。

在内心深处，克里斯对自己的出身感到自卑。每天晚上他都夜不能寐，一直在想为什么父亲不爱他。他的世界充满了羞耻、遗憾、困惑、愤怒和不满，错误地认为成功是对所有加害过他的人最好的报复。克里斯从未想过复仇不是最好的回报，而是保持痛苦的最好方式。他没有意识到钱并不是他想要的，他想要的是他以为可以用钱买到的感情。

金钱买不到感情，再多的成功也抹不去昔日的痛苦。唯一能让我们充分欣赏和享受好运的是一种平和的心态，不管我们拥有什么或获得什么。

生活中，我曾经多次把所有的悲伤都写进了支票簿。我有一个存款的期望值，它让我感觉一切尽在掌握——这笔钱我从来不想花，只想放在那里，就像一条厚厚的绿色安全毯一样。多数情况下我手里的钱达不到这个数字，这就成了我所有挫折沮丧的根源：我不幸福并不是因为自己在虚度光阴，而是因为我没有那么多钱；生活的压力不是我造成的，而是因为我没有那么多钱。钱是一切问题的答案。等到钱数达到了那个神奇的数字，我又想要增加这个数值。

我们很多人都是如此，都不愿直面真正困扰我们的问题，也不愿直面我们需要采取什么行动来解决这个问题，而是寄希望于虚无缥缈的明天，希望明天能摆脱痛苦。

就像对待爱情一样，如果我们对金钱的作用抱有不切实际的期望，它就可能成为人生最大的失望。如果你指望钱能融化所有的悲伤，你会失望的，因为再多的现金和硬币也填不上内心的失落；如果你指望金钱能让你得到别人的认可，你会失望的，因为富裕并不能保证人们会重视你这个人；如果你指望金钱能买到别人的尊重，你会失望的，因为人们可能会对财富着迷，更会嫉妒，我们认为自己在追求幸福的路上踩了狗屎运，但没有人会因为别人积累了财富而自动给予对方尊重。

金钱也不能改变这样一个事实：我们都需要在生活的各个方面为创造幸福负责。我们需要与他人建立联系，参与我们喜欢的活动，投入给我们带来意义的事情。我们需要放下愤怒和痛苦，需要原谅和爱，需要接受和成长——所有这些都与我们的收入无关。我们也有可能同时拥有这一切和金钱，但如果我们没有内在的信念，即无论有没有财富，生命都是有价值的，那么金钱最终毫无价值。

现在就满足你对未来金钱的期望

如果你希望有钱之后整个生活都会改变：
- 列出你认为自己有钱之后会改变的一切。想一想你试图通过强迫自己获得成功来逃避的所有感受。你会感觉更好吗？你会更满足吗？你会不那么担心吗？压力更小？

- **现在问问你自己，现在你该如何创造这些感觉？** 如果你认为拥有更多的钱会让自己感觉更好，你该如何采取行动让自己充满勇气和正直，让你对现在的自己也感觉良好呢？如果你认为你会感到更满足，那么为了让你更有成就感和方向感，你的职业生涯需要做出哪些改变呢？你能开始冥想吗？这样你就不会那么焦虑了？

- **列一份清单，列出那些让你的生活有价值的事情。** 这个清单可能包括与家人共度时光、帮助他人、尝试新事物——任何你生命中最珍视的东西。现在把这个清单和你上周的日程表交叉对照。你是否有足够的时间将这些事情融入你的生活中？哪怕几天也行。还是你工作太忙，没时间兼顾这些事情？下周该如何改变才能让这些有价值的事情不半途而废呢？

拥有更多的钱并不能保证更多的幸福

幸福就是爱，钱是买不到幸福的。~ @justinsreality

金钱使我们能够追求自己的内在激情，让我们生存

下去，但金钱本身并不能创造出永久真正的幸福。~@ebear42

金钱给那些不知道什么是幸福的人带来了快乐，但幸福只需要内心的平静。~@LeonelFranco

没有人性，金钱一文不值。~@KasunWeer

根据我的亲身经验，巨额财富会让家庭支离破碎，让人们忽视人在那些重要之事，变得痛苦悲惨。~@Thearetical

研究人员最近分析了德国社会经济研究小组的数据，发现衡量幸福感的一个重要指标是：一个人每周工作的时间是否是他想要的工作时间。我可以亲自证实这一点。你只有在有时间发展个人爱好，或者有时间放松的时候最幸福。每周工作70个小时的你无论赚多少钱，肯定都会感到不满意。金钱不会改变你没有按照自己的优先事项和价值观生活的事实。这一点看似显而易见，但我们经常为了追求更多金钱而做出不理智的事。

一些有趣的研究表明，我们倾向于根据收入高于我们的人来调整自己的支出，即使我们没有能力这样做。《落后》一书的作者罗伯特·弗兰克认为，超级富豪改变了其他收入者的参照标准。当富人变得更富有并升级他们的豪宅时，收入稍低的人会觉得自己也有必要换大房子。这种需求会顺着经济阶梯向下蔓延，最终导致社会中的许多人在远离工作地点的地方买房，以获得更高的性价比，通勤时间更长，借贷更多，储蓄更少，入不敷出。

如果我们大多数人都在拼命工作，把手头有的钱和没有的钱都花掉，而我们购买的物品也需要时间维护，这就会分散我们的注意力，导致我们无法利用更多时间做自己真正想做的事情，那么消费可能会造成比实际价值更大的压力。这是有道理的。因此，拥有更多的钱，就会买更多的东西，实际上只会导致幸福感下降。

你有了更多的钱，所以买了更大的房子，现在必须维护房产——浇灌、打理草坪；冬天采暖，夏天制冷；在游泳池上投入大量资金，购买化学消毒剂、吸污处理、更换池水和过滤设备，以及泳池维护；还要支付更高的财产税和自住房保险——如果家里真有上面提到的泳池的话，自住房保险的费用会更高，因为泳池存在事故风险。你需要为家里的维修工作提供资金，比如每增加一间浴室，就有可能发生更多的厕所堵塞和管道破裂事故。你可能需要升级家中的一些其他财产，以适应新的大房子——比如买一个巨大的平板电视、顶级的家用电器，也许还有第二次抵押贷款。你可能会买一辆更贵的车。月供增加了，保险也会增加。维修工作变得更加昂贵。

如果你有孩子，他们会上行下效，照你所做的来做，而不是照你所说的去做——如果你和他们谈论节俭的话。他们也想要更昂贵的手机、名牌服装和卧室电子产品，你甚至没有考虑到与养育子女相关的所有其他成本。

一直以来，你都在情感上和身体上挣扎着维持这些开支，这既是因为你已经习惯了某种生活方式，也是因为失去它们可能会让你感觉失去控制。放弃你所获得的东西可能看起来像是失去权力，或是承认自己失败了。花钱有一种神奇的魔力，它能让我们快速分泌多巴胺，感到暂时的愉悦。然而，获得新事物带来的小小的兴奋并不能弥补你选择为了追求更多金钱而扼杀自己的时间，只留下很少的时间去做真正能让你感到充实的事情。

如果你因为增加的责任而感到压力，因为维持一个令人疲惫的工作时间表而倍感压力，你可能会出现健康并发症。慢性压力会导致抑郁、甲亢、溃疡、头痛、失眠、失忆、脱发以及肠道疾病等。如果你想一吃解千愁，你就会面临心血管疾病、中风、糖尿病、脂肪肝、胆囊疾病、深静脉血栓和其他一系列疾病的风险。你也可能开始过量吸烟或酗酒，想以此解忧，殊不知这样会带来健康风险。

当然，你可能不会选择任何破坏性的习惯来缓和持续的紧张感，你可能会选择某个健康的习惯来释放身体的压力，比如冥想或瑜伽。但是，如果你能从一开始就避免制造这种压力——找到一条通往目标的更直接的路，而不是用各种外在事物塞满你的空间与时间，导致自己疲于应付，这样不是更容易吗？

事实上，我们永远不知道未来会发生什么。如果你为了将来而牺牲现在，等你将来疾病缠身怎么办？或者等到将来，你爱的人已经不在了该怎么办？

金钱会极大地分散我们对生活中真正重要的事情的注意力。

有时候，没有过多的财富反倒是一种幸福，可惜我们大多时候都没能意识到这一点。

尽量减少工作和物质方面的压力

如果你难以承受自己制定的时间表：

• 填空：我愿意每周赌 ____ 小时，希望有一天能变得富有。毫无疑问，用现在的时间换取未来的潜在财富，永远是一场赌博。每一个成功的工作狂背后，都有无数个失败的工作狂。有时候，回报与努力或天赋是不对等的，你需要知道你愿意冒什么风险。

• 我这样说并不是要打击你，而是实事求是。如果你强迫自己每天工作 14 个小时，坚持 20 年，取得巨大的成功，然后得知自己只剩下两个月的生命，你会对自己这 20 年的生活方式感到满意吗？如果答案是否定的，那么你现在就确定一下：你愿意花多少时间来追求财富？你想把多少时间花在生活的其他方面？

• 调整时间表，减少工作量。既然你已经知道想要花多少时间来做那些你认为有价值的事情，接下来问问自己：怎样才能缩短工作时间，让自己有更多的时间做这些事情？你能严格界定休息日和工作日吗？你能和你的老板谈谈转移某些责任吗？你能提高效率，减少干扰，从而在更短的时间内完成更多任务吗？帕金森氏定律指出，你可以用来完成工作的时间有多少，你的工作就会拖延、膨胀、复杂到让你足以填满那段时间为止。所以，你能给自己分配更少的时间吗？

- **确定可以减少开支的领域。** 这是等式的另一部分：如果工作得更少，就需要消费更少。你能做到少开车，开始骑自行车或使用公共交通工具吗？你真的需要昂贵的有线电视套餐，还是只需要基本套餐，或者根本不需要有线电视？你能放弃昂贵的健身房会员卡，在户外慢跑吗？仔细检查每一笔账单，问问自己：我该如何削减或去掉这笔开支？需要维持的事物越少，你就有更多的时间和精力去做对你来说真正重要的事情。

你需要足够的钱来购买生活必需品

幸福需要安全感，因此，你需要足够的金钱来获得安全感。但是钱多不一定会让你更幸福。~@Innerfoodzilla

第七章　金钱

你需要钱来满足最基本的需求。没钱就会有烦恼，有了烦恼，就没有真正的幸福。~ @jLivin

有了钱才能生存，但人生在世需要的是精神，而不是金钱。~ @cinfynwine

在我们创造的社会中，生活必需品不是免费的。然而，与我们真正想要的相比，生活必需品却是微不足道的。~ @belindavmunoz

在当前的社会形式中，你确实需要钱才能幸福，但二者的总量并不相关。~ @ChrisMAlexander

心理学家丹尼尔·吉尔伯特在《哈佛幸福课》一书中指出，金钱只有在满足我们的基本需求时才是重要的。一旦我们的财富超过了一定数量，它实际上并不能让我们更快乐，因为金钱买不到所有能带来长期幸福的东西：自尊、爱情、情感安全，或其他能带来个人成就感的无形资产。根据吉尔伯特的说法，如果我们从低收入阶层变成中产阶级，钱就会带来很大的不同，因为 5 万美元能够比 1 万美元提供更舒适的生活方式。然而，一旦我们的薪水达到一定数量后，多出的几个零也不太可能让我们在生活中体验到任何更大的快乐了。

经济学家安格斯·迪顿和丹尼尔·卡尼曼似乎已经为我们这些生活在美国的人找到了这个神奇的数字：7.5 万美元。他们分析了 2008 年和 2009 年盖洛普健康福利调查指数收集的针对 45 万美国人的调查,研究幸福感是否会随着收入的增加而增加。结果发现,这些人确实在工资上涨时感到更幸福,但上限为 7.5 万美元。他们的研究结果证明了吉尔伯特的理论——收入翻倍的人并没有报告自己的幸福感翻倍。有一点可能不需要研究来证明,那就是当你觉得自己只是勉强维持生计时,很难感到快乐;如果你不知道如何支付房租或照顾家人,那就更没有幸福感了。当经济不景气、许多人的收入只够勉强度日时,何谈幸福?

大学刚毕业的时候,我和剧院巡回演出的演员一起表演了《圣诞颂歌》。当时我还和父母同住,演出只是为了好玩和体验,而其他演员都需要自食其力,需要支付账单、承担责任。他们每周的收入不到 400 美元——比我后来失业时拿到的钱还少,每年的收入也远低于 7.5 万美元。我从未见过他们开豪车,他们都住在普通的公寓里,而且我敢肯定他们每个人都带着特百惠午餐饭盒。这里不是百老汇,也不是好莱坞,根本没有所谓的星光熠熠!但这似乎无关紧要,他们是我这辈子见过的最快乐、最有活力的人。正如圣诞精灵说的那样:"我必须演戏,戏如人生。"他们热爱自己所做的事情,那种快乐和成就感足以证明他们所做的牺牲是合理的,无论是感知上的还是真实的。

意识到这一点后,我决定不再以表演为生。当时,我觉得那笔收入远远不够。我想看看这个世界,四处走走,体验世间无数的美好与冒险,不想永远困于一地,一辈子从事一份工作,不想单调地活着。在过去的 10 年里,虽然我的平均工资只有 3 万美

第七章 金钱

元,但我游历广泛,体验到了世间的美好。我换了很多工作,经常搬家,经常换一种活法——这些都是之前我从未想过的。不知何故,无意之中我过上了自己所追求的生活。事实上,当我为自己所没有拥有的东西而悲伤时,我就会错过一些令人惊叹的美好。但美好一直都在那里,就像《绿野仙踪》中的多萝西终于意识到她想去的地方一样。

我想遇见的人一直就在门外,我想看的风景只要坐车或乘船就能到达,我想要的生活一直触手可及。我已经得到了很多,但长期以来,我却一味忙于等待,没有意识到它已经和我在一起了;我一味忙于思考,觉得自己不够好,无法接受这一刻。直到我决定在眼前的世界寻找,我才开始感受到幸运;直到我意识到自己无处可去,也没有什么可获取,我才开始融入这个世界,并充分利用已经拥有的东西。

时间确实是终极货币,如果我们一味哀叹自己所缺乏的东西,忙于追逐财富,那就是在浪费时间。真正的秘诀是,你要知道现在你已经拥有了为幸福做出选择所需的一切。你可能不喜欢自己的工作,但你可以去寻找新工作,尽自己最大努力,抓住一切机会;你可能没有工作,但你可以因陋就简、渡过难关,同时利用这段时间去做一些义务工作;你可能不喜欢你做的每件事,但是如果你停止抗拒现实,那么每一刻都有值得享受和欣赏的东西。

我承认,这是一件几乎不可能全天候完成的事情。我喜欢经

穿越痛苦，即得智慧

营"小智慧"网站，每天都为自己做出经营这个网站的选择而感到自豪，感到有意义，尽管这需要我在工作之外花费大量时间来谋生。那句古老的谚语："做自己热爱的事，金钱就会接踵而至"并不是绝对正确的。做自己喜欢的事情更有可能成功，因为你会有足够的热情去面对困难和失望，但这并不绝对，也无从保证。有时候我在想，如果我只做网站，放下那份对我来说无关紧要的工作，生活会是什么样子。我甚至还在想，如果还清父母的抵押贷款，在东西海岸都买套房子该是多么美妙的事情。人皆有不满的欲望，总是希望好上加好，这是人之常情，而且从某种程度上讲，不满是向上的车轮。如果我们想要成长和发展，就需要不断创造新的愿景、可能性和生存方式。

约翰·洛克菲勒曾经回答过这样一个问题："多少钱才算够？"他给出的答案是"再多一点儿就好"。我想大多数人一生中都会有这种感觉，就像有时我们的钱多一些，有时候少一些，起起伏伏，不断变化。也许这很正常，我们不需要永远的满足，只需要知道我们每天都可以选择，选择我们对自己、对自己所做事情的感受。我们可以决定，即使我们正在朝着某个目标努力，但是现在所拥有的足以让我们幸福快乐。

确定多少物质算够

如果你总是觉得自己需要的比拥有的更多：

• **列出你最需要的东西。** 你需要什么才能好好生活并感到幸福？你需要什么条件和财产才能感到幸福？你怎样才能感到安全、舒适、投入、满意和满足？思考一下物质需求，比如房子、车子等；情感需求，比如朋友的支持、工作上的联系等；精神需求，包括目标、成就和成长。每一类需求都要尽可能具体。

• **确定哪些需求是因攀比而起。** 你是否因为别人拥有了某些东西，就认为自己也需要拥有？如果其他人的车都没有你的车好，那么你拥有的这辆车就足够了吗？如果每个人住的房子都比你的小，你会不会突然觉得自己的房子绰绰有余？如果你所有的朋友每年收入2万美元，却都过着舒适快乐的生活；那么你做着自己喜欢的工作，每年收入3万美元还不够吗？这可以帮助你建立一个内在的基准，用以衡量对你来说多少外在的物质算够——这种标准不是基于别人拥有什么，而是基于真正有助于实现你的成就感和幸福感的标准。

• **突出那些不需要花钱的需求。** 对我来说，此类需求包括和我爱的人在一起的美好时光，没有具体计划的随心所欲的机会，以及拥有充足的时间享受阳光。

- **用你的满足感来衡量你的欲望。** 如果你真的渴望财富、渴望成功，那么努力奋斗是没有错的，关键是要学会识别自己真正想要什么，甄别那些虽然自己想要但最终会分散你对重要事情注意力的事物。如果你认为你需要某样东西，问问自己：这是否超出了你认为足够的范围？为此奋斗是否会妨碍你享受生活？

第八章
可能性

怎样才能让每一天都过得有意义？

这似乎是众人经常探讨的一个问题：如何充实地度过每一天？如何生活得充实？我们要感谢罗马抒情诗人贺拉斯，他在公元前23年的一首诗中提出了那句广为人知的口号："把握现在"（carpe diem）。翻译过来就是："把握当下，尽可能不要指望明天"。

有人认为，我们应该把每一天都当成最后一天来过。但这并不是最好的建议。如果每一天都是独立发生的，这也许是有道理的，但事实上，所有日子都是连在一起的，从而形成了完整的生活。即使你认为明天可能不存在，也不能改变明天很可能存在这一事实。如果你的平均寿命是78岁，那么你能活341 640天——这意味着将会出现341 639个明天。如果我们每天都活得好像我们真的会在当天晚上就死去一样，许多人可能会采取及时行乐的生活方式——游手好闲，吃喝玩乐，花光所有的钱。我们可能不会朝着任何长期目标努力。既然只能活到今天，为什么还要努力奋斗？既然退休不在我们的考虑范围内，为什么还要努力工作以求提前退休呢？当我们只需要满足今天的快乐，为什么还要重返学校提升职业生涯或增加收入潜力呢?

为了活得充实,我们需要平衡两种同时存在的需求:充分发挥自身潜力的愿望和享受当下的本能。随着时间的推移,我们需要给自己每一个绽放的机会,同时创造当下快乐的可能性。有时我们不得不推迟满足感,但这并不意味着无论我们选择什么情况,我们都不能感到满足。

今年可以说是我人生中最充实的一年。今年2月,当我的失业救济金到期时,我开始了另一份居家网络写作的工作,并为我的未来设定了4个目标:签订出书协议,过渡到自主创业,搬去和埃伦同居,在波士顿和我的家人一起度过至少一个月的时间。我认为,完成第一个目标就会给其他几个目标大开绿灯——如果能拿到出书合同,我就辞职,搬离目前的住处,摆脱西海岸的生活。我可以去旅行,可以在东海岸待上一段时间。

一拿到这本书的合同,我立即放下了其他一切,开始计划夏天的冒险,包括前往拉斯维加斯、塞多纳、纽约和科德角,以及同家人在波士顿生活一个月。可以说,之前我的生活被自己搞得一团糟,现在决定让生活的废墟慢慢发展起来,同时我也要在轻松的氛围中进行一番探索。这听起来像是一种勇敢的行为,但请记住:解构是我舒适区的基础。之前我已经多次把过去的事一笔勾销。我总是觉得没有什么比解构舒服得多,我的生活就像一张白纸,我可以假装有一天上面写的只有美好。

真正勇敢的行为是决定享受这种飞跃,而不是将风险视为达

第八章 可能性

到更好目的的手段。我一直都是这么想的。我所做的一切，我想要的和所抓住的一切，以及我最终释放的一切，都是为了创造一个值得充分享受的完美生活。这个夏天，我决定珍惜现在的一切，而不是担心可能发生的事情。

我看着姐姐第一次看到拉斯维加斯大道时脸上荡漾的笑容，想起当我不为自己而烦恼时，世界是多么美丽。我在塞多纳能量漩涡中冥想，就像一颗小小的鹅卵石高高地矗立在巨大的红岩峡谷之上。我和爸爸一起在科德角津津有味地吃着牡蛎，和妈妈一起在泳池边放松，我们一边品着伏特加、喝着苏打水，一边喜不自胜地捻着头发。我和埃伦、家人一起爬上了埃菲尔铁塔的顶部，幸运的是，我没有因为恐高而吓得喘不过气来。

经过长途跋涉，我和哥哥一起探索了梭罗在树林里的小屋，这是我们多年来一直想完成但一直没有时间去做的徒步旅行。站在梭罗独自生活了两年零两个月的狭窄空间里，我的耳边只有寂静的声音，眼里只有窗外宁静的景色，心中只有与哥哥在一起的感恩之情——此时此刻，我比以往任何时候都更清楚地理解了什么是返璞归真。它与是否能使用木瓦和砖块没有多大关系，一切都与我们能否充分发挥自己的能力有关。

在旅行时住在度假小屋或住在父母家里的时候，做睡觉的床不需要我买，吃的食物不需要我挣，只期待着和家人一起放松的日子，这种情况下很容易唤起一种感恩之情。我不知道，当生活再次忙碌时，如何带着正念度过秋天。如果过去有什么启示的话，那就是我很可能会蜷缩在"龟壳"里，列着待办事项清单，偶尔探出头来，再喝一杯咖啡。我很可能会被义务、责任、可能性和压力所困扰，最终在野心和完美主义的重压下崩溃。我看到了梭罗小屋墙上一丝不苟的文字，希望也许我不必在平静的今天和无限的明天之间做出选择。

起初，我忙于各种计划和行动步骤，整个人焦头烂额。回家后的第一周，面对泛滥成灾的各种高大上的目标，我认为世上最聪明的事情就是根本没有目标。没有目标，更容易做好自己，不用担心工作做得不够好，也不用担心屡战屡败。

于是我决定考虑一种新的可能性：也许我可以做很多事情，但不必看重最后的结果。也许最令人兴奋的可能性是，即使在努力实现目标的同时，也有可能做到并享受事物的本来面目。一天只有24小时，这些时间是否让你感到压抑和烦恼完全取决于你自己。我花了几年的时间，多次感到精疲力尽，感到恐慌发作，并且喝了太多的红牛才意识到这一点——努力工作而不完全迷失在任务中是可能的。完成任务不需要每时每刻都努力工作，不需要急着去追求看似唾手可得却总是遥不可及的大棒上的胡萝卜。

在过去的几个月里，我一直在咖啡店和海滩上写作，而不是蜷缩在沙发上留下一个人形凹痕；我把工作日的时间一分为二，其中一半的时间用来散步、跑步，开车在新社区周围转悠考察。如果遇到有很多事情要做的情况，我就什么都不做，因为我是自己的老板，我是唯一一个可以让自己停下来休息的人。

第八章 可能性

今天,埃伦问我愿不愿意和他一起去打篮球。我身高不到 1 米 55,上半身的力量孱弱如蹒跚学步的孩子,身体协调能力呆板僵硬如滑雪板上的小土狗,于是我本能地咕哝一句"不去",然后继续咔哒咔哒地敲着笔记本电脑的键盘。毕竟,我还没有写完这本书,收件箱也不会自动清空,需要处理的事务有很多。然后,突然之间,我感觉自己必须停下手头的工作,尝试一些新的东西。即使他在球场上碾压我,而我在大约 20 分钟后觉得无聊,那又如何呢?只要走出家门就是一种选择,可以创造各种可能性。

到了球场之后,埃伦试着教我防守,结果防守动作被我篡改成了抓扯衣服、拦腰横抱,以及在他投篮前强行跳他背上让他背着。有一段时间,我在场上冲刺、运球,假装在学习打篮球。我之所以假装在学,是因为我知道埃伦喜欢这项运动,和他一起玩似乎很特别,尽管我的动作有点儿笨拙和尴尬。

不出意料,不到半小时我就失去了兴趣,实际上这一时机刚刚好。对面场地正在组队进行一场真刀真枪的比赛,埃伦可以加入其中。

我舒服地坐在大树下的草地上,看着斑驳的阳光透过树枝间的空隙洒在我的手臂,看着远处草坪上三三两两漫步的人们,内心幸福而平静。这种感觉很像我辞去一份不满意的工作,或者摆脱了所有责任时的感觉。同样是那种轻松自在的感觉,但我知道还有很多事情我不知道——比如,我的工作是否有回报,我是否聪明、努力,我正在创造的生活是否比我以前的生活更适合我。

在这一刻，一切都很正常，但这一刻并不取决于我所处的环境。我感到了一种真正的自由，这种自由与我所做的或必须做的事情无关。

我突然意识到自己原本可以去任何地方，而那棵树本来可以生长在我父母的房子外面，它甚至可能是电影场景中的道具。不管那棵树在哪里，不管我坐在树下什么地方，不管周围发生了什么，我对自己都感到满意。我的平静并不依赖于特定的地点或活动，而是来自内心深处的一个地方——我同意成为世界的一部分，即使它像我周围的季节一样变化。我终于明白，充实的生活始于充实的存在。

英国歌手约翰·列侬说过："做自己喜欢的事，就不算浪费时间。"虽然我知道没有什么比珍惜时间更重要了，但我不得不承认，持续做到这一点并不容易——因为生活中不可避免地会有斗争，因为大脑喜欢抓住问题，喜欢强调问题，并在计划避免问题的同时经历更多的问题。

我们没有理由将快乐的时刻视为某种程度上的分配不当，但这个想法确实带来了一些问题。享受是充实生活的唯一晴雨表吗？如果我们能简单地从享受时光中获得安慰，那么我们怎么知道什么时候应该克服不适，向新事物敞开心扉呢？在什么情况下，我们会为了别人或更大的利益而牺牲自己的快乐？回顾那些我们并不享受的时光，我们是否应该确定它们都被浪费了？享受就像选择享受一样简单吗，还是需要某种高级计划？

带着这些想法，我在推特上问道："怎样才能让每一天都过得有意义？"

珍惜每一天

忘记过去，不期待未来，让每一天都过得有意义。~ @Scottstimo

要想让每一天都有意义，只需意识到，过了今天就再也没有今天了。~ @jLivin

活在当下，观察你周围发生的美好事情。~ @littlemsgg

活在当下，既要认识到我们在宇宙中是多么渺小，也要认识到生活是多么美好。活在这种美好之中。~ @rmcoplon

带着爱和同情去生活。把今天当作你的最后一天去生活，尽情地生活。生活是甜蜜的，那就让它更甜蜜吧！~ @lifeofhappiness

如果你同意时间是宝贵的，每一天都很重要，那就可以推测出你浪费的那些无聊、孤独、愤怒、逆来顺受或任何与快乐无关的日子。从此以后，你就会陷入自己本该做的事情，让更多的时间溜走在你重新思考、评估和判断自己及行为的时候。

生活中最常见的误解之一是，我们认为我们昨天所做的一切在一定程度上决定了我们今天能做什么或成为什么样的人。实际情况并非如此。我们永远不需要被过去的自己所限制。在任何时候，我们都可以决定成为不同的人或做不同的事情，从而完全改变生活的轨迹。为了做到这一点，我们需要知道我们是唯一的记录员，我们可以在任何时候将过去一笔勾销。我们决定活出精彩的那一天随时可以开始。

已故的加州大学洛杉矶分校篮球教练约翰·伍登曾从他父亲那里得到一条建议："让每一天都成为你的杰作。"在我二十几岁的时候，我曾为写生课做模特，试图治愈我与身体之间的关系。我从来没有遇到过任何一个画家在课堂结束时对自己的作品感到满意。他们总是想着再看一眼模特，再画一笔，再润色一下，想让作品更加鲜活。保罗·加德纳曾经写道："一幅画作永远不会完成，它只是停留在有趣的地方。"我们的日子也是如此。我们本可以做的总会更多，但要想真正充实地度过明天，我们需要放下对今天做了什么或没有做什么的担忧。

最好的建议不是让每一天都成为你的杰作，而是每天都来到你的画布前，只要出现就好。与其纠结于昨天没做的事情，不如现在就行动起来；与其分析你本来可以做出的选择，不如现在就做出更好的选择；与其让你本应该做的事折磨自己，不如意识到你已经尽了最大努力，并决定现在就尽最大努力。在生命的尽头，你记得的那些时刻不会是你坐在那里评判你的生活和你自己的时刻，也不会是你独自蜷缩着，思考自己所犯的错误或本该做的事

第八章　可能性

情的蒙太奇时刻。你终将记得的是行动的美好时刻——比如，你喜欢的活动和事件，你与你爱的人一起度过的时光，以及你勇敢、大胆地投入生活的时刻。

我最近开始在我家附近的一个公园慢跑，那里有跑道、场地和操场。每次去的时候，我都会斗争一番，因为从内心来讲我不想跑步，所以我会跳上秋千，等着有人来推我一把——这并不是因为我想玩孩子般的游戏，更多是因为我总是告诉自己，除非有人追我，否则我永远不会跑。我只是不喜欢跑步，但我养成了这个爱好，因为这是一种简单、免费的锻炼方式，而且似乎是我唯一的选择。

我从跑道上的起点到操场正前面的地方要花几分钟的时间，而经过那片充满乐趣的"小绿洲"只需要几秒钟。每当我注意到这里的孩童，内心就要挣扎一番：蹒跚学步的孩子，调皮捣蛋的学龄前儿童，甚至还有坐在婴儿车里胖乎乎的婴儿，一个个看起来无忧无虑，对他们正在错过的乐趣浑然不觉。有一天，我看见一个小女孩独自坐在沙地上，一把一把地抓起沙子扔来扔去，弄得自己衣服上、头发上，还有旁边的水泥地上到处都是。如果这是地板，我肯定会迫不及待地去擦拭。如果她是我的孩子，我会给她消毒。

从某种程度上讲，我应该感谢自己强迫症的清洁本能，因为这种本能最终迫使我停止跑步，停下来仔细观察。我坐在那个孩子左边的秋千上，我被眼前这个女孩迷住了。她头上贴着创可贴，我想她一定是前一天学着走路的时候摔倒了。也许她已经学会走路，但是，像所有蹒跚学步的孩子一样，刚学会走就想跑，结果摔倒了。不管昨天发生了什么，现在的她完全沉浸在玩沙子的触觉体验中，沉浸在今天的快乐中，看起来很快乐，很开心，根本不理会昨天的小伤口。这个小女孩表现出了韧性、热情以及十分忘我的专注力，她无疑就是一个杰作。

孩子们用好奇的眼睛探索世界，他们的拥抱让人感觉笨拙老套，他们把周围搞得凌乱不堪，却不担心失控。他们会毫不隐瞒地说出自己的想法，说完就把它抛诸脑后。他们总是被最简单的东西逗乐，比如，奇形怪状的石头、大热天的蛋筒冰激凌，或者形状各异的纸巾架——其中有的像乐器，有的像望远镜，还有的像是仙女的房子。孩子们总是有新想法，就好像除了创新别无选择一样。当他们可以出去找点儿乐子的时候，他们很少会选择坐在家里闷闷不乐。他们知道不是每一天都很有趣，但唯一的办法就是抓住机会，行动起来。

营造孩童般的存在感

如果你经常觉得自己只是在做做样子走过场：

- 给自己时间去探索，不要有任何目标或议程。你可以随意散步，没有特定的目的地；或者学习新事物，即使你实际上并不需要这种技能。只要给自己一个忘记时间的窗口，跟着自己的兴趣和直觉走就行了。把这看作是成年人的游戏时间和练习，这样你就可以更频繁地参与进来。这种活动的最终目的就是探索。

• **放手一搏**。这并不是说要把沙子倒在头上，尽管如果你愿意的话，也可以这么做。它的意思就是要放松！如果你想尝试新事物，但又害怕自己看起来很傻，怎么办？去做吧！只要克服了恐惧，活在当下就会容易得多。

• **在熟悉的事物中发现新奇之处**。你每天都会看到很多同样的事物。留意你平日里司空见惯的事物，比如，房前刚刚绽放的鲜花，或者到办公室附近那家餐厅吃午饭的人增加了……当你囿于自身思维定式时，很难注意到这些微小的变化；而当你积极选择去寻找新奇之处时，它们就会在周围环境中表现得更突出。

冒险

> 做一些不一样的事情，也就是与你通常所做的完全不同的事情。一周后，"通常"就不存在了！~ @ArnaudJolois

> 走出你的舒适区，至少冒一次小风险，至少做一件没人说谢谢的事情。~ @AlexaEldredge

> 用双手抓住每一个机会，也许机会明天可能就没有了。~ @squishy3000

> 不要把每一天都当成你的最后一天，要把每一天都当成你的第一天。~ @cobbwt

> 带着尊重和幽默回顾过去，带着喜悦和好奇展望未来，享受生活中的点点滴滴。~ @JosetteN

前几天我读到一篇关于青少年大脑化学和风险的研究。根据认知神经学家拉塞尔·波德拉克的研究，当事情比预期的要好时，青少年对他们所体验到的愉悦感特别敏感。波德拉克和同事认为，这与"正向预测误差"有关：你预计某个经历将以糟糕的结果结束，但结果却是惊喜。显然，当原本可能是灾难性的事情以良好的结局结束时，14岁到19岁的年轻人会释放出更多的多巴胺——一种与大脑奖励中枢有关的化学物质。这也可以解释为什么青少年在明知有风险的情况下，更有可能尝试毒品、酗酒、超速驾驶，因为可能获得的回报战胜了他们对后果的恐惧。严格说来，青少年的恐惧比成年人少得多。

作为成年人，我们大都不太可能冒险。这是好事，只要我们别走极端，别让钟摆向另一个方向摆动得太远就好。我见过很多人，他们每天都把自己包裹在"气泡膜"里，试图避免一切伤害，避免所有可能的磕碰、擦伤和疼痛。事实上，一个朋友告诉我，她患有决策恐惧症——害怕做决定。她对自己的过去有很多遗憾，最主要的是在一段漫长而不健康的感情中错过了生活中的很多精彩。她非常害怕做出一个她后来认为是错误的决定，因而每当不得不做出任何决定时，即使是最微不足道的决定，她都会感到十分焦虑。我曾经见过她对周五晚上该做什么感到恐慌。有时这意味着她最终什么都不去做，因为没有做出错误的选择会让她感到安全——但没有选择仍然是一种选择。

事实上，一旦迈出第一步，我们永远不知道接下来事情会如何发展。我们可能会认为我们事后会知道——类似后见之明的偏见，但我们不可能知道。我们能做的就是相信自己的直觉，鼓起勇气采取行动，即使事情不像我们希望的那样发展，我们也相信自己能处理好。我们能够利用我们在画布上画出的任何笔画，创作出美丽的作品。

这不是一件容易的事，这就是为什么我们很多人都在等待合适的时机采取行动，或者等待某种可以采取行动的迹象。当年我深陷在等待的地方，偷窥别人的生活时，有人告诉我，人生就像开车——如果迷路了，就不应把车停在路边等待，研究不同方向的道路可能是什么样子，质疑自己是否真的能找到出路。你要么开始开车，边走边判断；要么充分信任你得到的指示，回归之前的路线。

关键是选择行动起来，看看前面的路是什么样。要敢于冒险，不要等待，你无法保证自己在做什么，我们都是边做边学。没有人能把一切都搞清楚，没有人在晚上睡觉时对自己的决定充满信心，没有人确切地知道冒险是否会有回报，也没有人能预见将来会发生什么。这就是生活的美妙之处。它不是一条直线，它更像心电图监护仪，上面起起伏伏，有峰有谷。生活是一场我们自己选择的冒险，我们可以边走边写。如果我们感到厌倦，可以抽出这一页，重新写起。

我们也可以相信，随着不断前进和学习，我们能够承担更大的风险。据《创造自己的好运气》的合著者霍华德·史蒂文森说："每个决定都是一场赌注。问题是，你如何才能下更好的赌注？"这本书针对的是与商业相关的风险，但也为我们在生活的各个领域提高"预测智能"提供了智慧。我们可以清楚地了解我们的意图——我们到底希望创造什么。我们可以努力了解可能的结果，这样就能在经历挫折时保持开放的心态，继续前进。我们可以在旅途中与其他人联系，这样就不会独自面对风险。我们可以做好准备，以防风险没有回报，也就是说，我们必须准备B计划，这样就可以减少损失，并在必要时继续前进。

运营一个幸福网站的好处之一是，我可以进行灵感分析。我注意到"小智慧"网站上一些最受欢迎的帖子都是关于风险和可能性的：有人辞职去追求他真正热爱的东西，有人休假去环游世界，这些人的推特转发量高得惊人。我们都想鼓起勇气去做一些我们梦寐以求的事情，即使这些事情并不能给我们的生活带来巨大改变。我们都希望有动力去做一件之前只能夸夸其谈的事情，比如踏踏实实地写书，而不是仅仅想象它会成为畅销书；或者去拍电影，而不是停留在对奥斯卡奖的幻想中。有时候，我们只是太害怕会出错，以至于无法朝着正确的方向全速前进。

事实上，未来的发展可能方式多样——可能是我们想象的一切，也可能完全不像我们所希望的那样。即便如此，后者依然可能会令人惊喜。在到达未来之前，我们不可能知道结果。对未知事物心存恐惧是很正常的，谨慎一点儿也很正常。重要的是，面对那些不和谐的声音，比如"快回去吧""太难了""不值得！"，我们要学会明智地取舍。只要我们坦诚待己，我们往往会知道，冒险是值得的。

走出你的舒适区

如果你觉得自己一直都很保守，想要做出改变：
- 找出那些你梦想去做但认为只有当你有更多钱时才能做

的大事。其中包括背包旅行，或者辞职去做你更喜欢的工作。忘记那些听起来合理的事情，想象各种可能性，想象那些你会写在遗愿清单上的事情。

- **从可接受的替代方案开始。** 有一句话是这样说的："朝着月亮出发。即便无法登上月亮，你也将置身于繁星之中。"星星距离我们更远，关键是你敢于尝试，你会比现在距离月亮更近。如果你负担不起背包旅行的费用，你可以选择短途旅行吗？如果你不能辞掉工作全身心追求你的梦想，那你能否退而求其次，在你梦想的领域做周末志愿者？

- **努力做大事。** "小智慧"网站刊登了一篇题为"让不合理成为可能"的文章，在这篇文章中，作者杰米·黄将这个概念称为"给自己开一张生活罚单"。当你收到一张酒后驾驶或违规停车罚单时，你会想办法支付，因为你必须这么做。也许你会暂时减少奢侈品的消费，或者卖掉一些东西，或者去借钱。你这么做是因为你必须这么做。用同样的方式思考你生活中真正想做的事情，并找到方法。

第八章 可能性

感恩人生的高潮与低谷，小事与大事

> 感恩你能起床，感恩你能睡着。~ @thornlord
>
> 练习感恩，这是感受爱和正确看待问题最简单的方法。~ @atpce
>
> 早上醒来后，把每一个新的 24 小时当作礼物来迎接，并发誓要活在当下。~ @nobodhi
>
> 从每天命运扔给我们的坏事中寻找好的一面。~ @acceva
>
> 感恩所拥有的一切，感恩友谊、和平，以及热爱的工作。把快乐传递出去。~ @alwayslovely

年轻的时候，每当有人告诉我要对我所拥有的一切心怀感恩时，我就很反感。这似乎是一种道德判断，就像人们试图让我内疚，让我接受消极的情况，庆幸自己还活着。感恩似乎不是承认实际的好事和行为，更多的是对生命的礼物感到感激。

后来我意识到，感恩既是给自己的礼物，也是识别周围世界美好的能力。实际上，感恩是恐惧的解药。恐惧会让我们看到事情的不足、困难和不公，而感恩则将环境视为有用的、有力量的、积极的；恐惧意味着需要躲藏或逃避，而感恩则意味着我们要敞开心扉欣然接受。这意味着要发掘自身积极的一面，认识到现实和未来的美好。

穿越痛苦，即得智慧

积极心理学将感恩定位为通往情绪健康的大门。研究表明，经常表达感恩之情的人比那些不经常表达感恩之情的人压力更小，更有掌控力，能更好地应对生活中的困难，能更有效地应对变化。

诗人鲁米曾经写道："人生就像是一家客栈。"我们的工作就是欢迎新来的客人，不管他们带来的是欢乐还是悲伤。有些客人，比如疾病和悲剧，似乎比其他人更不值得热情接待。但生活不可避免地会带来痛苦，拒绝开门不会让不受欢迎的客人打包走人。一旦我们同意让他们进来，我们就创造了与他们合作的可能性。

我的新朋友艾莉森·米勒最近在"小智慧"网站上发表了一篇关于如何应对生活挑战的文章。艾莉森一直梦想着飞行的自由，所以她决定把空中杂技作为一种爱好。如果你熟悉太阳马戏团，你以前就见过这种活动——那是一种舞蹈艺术，身体在 9 米多高的空中旋转翻滚，只用丝绸缎带作为支撑。有一天，艾莉森在准备飞行时，不小心把绸缎安装错了，结果从 4 米多高的空中坠落，撞到地面，导致腕关节粉碎。她摔断了一只脚，脊椎骨折。尽管艾莉森不愿重温这件事，但她写道，她永远也不会否认她所经历的个人成长——这次受伤让她幡然醒悟。

艾莉森花了 4 个月的时间才恢复正常生活，在这段时间里，她经常因为依赖能力的退化而感到沮丧，但她决定在逆境中寻找机会。通过这次挫折，艾莉森对自己的生活所缺乏的东西有了更深的理解。她开始感恩自己所得到的，从而给自己更多她需要的东西。

当我们想要活在当下的时候，会更倾向于想象自己在丝绸缎带上表演，精力充沛，心情愉悦；而不是想象自己躺在床上，对意外感恩。充实地过每一天意味着首先接受这一天，然后想办法利用它获得平静和前进的动力。

无论我们站在哪里，总会有其他地方看起来更明亮，而想去那些地方也是很合理的。我们都知道，比起后悔做过的事，我们更倾向于后悔没做的事。当我们感到停滞不前时，我们会变得愤怒和抗拒。事实上，我们会有振翅高飞的日子，也会有停滞不前的日子。无论怎样，我们都可以选择生活得充实。充实地生活意味着意识到无论是振翅高飞还是停滞不前，生活中都有值得感恩和享受的东西——无论我们在做什么，我们都可以选择创造积极的情绪。

从你手里的牌中寻找可能性

如果你对今天摆在你面前的一切都没有感恩之情：

• **积极地选择你的环境。**这可能听起来很奇怪，因为我说过你不重视你面前的东西，但事实上，无论你把它解释为你拿到的牌还是你选择的牌，你都必须打出你所拥有的牌。你可以积极地应对挑战，实现积极的目标。与其听天由命，不如成为强势的主角。

- **寻找小礼物。** 你可能不觉得你的一切都是一份礼物，这很好。你不必自欺欺人，假装你喜欢失业，或者对生病感到高兴。但你可以在任何情况下找到微小的机会——微小的可能性取决于当前的情况。失业让你有机会弄清楚自己真正想做什么，疾病会让你反思对你无益的行为。

- **今天就把这份礼物用在小事上。** 无论今天是停滞不前的一天还是振翅翱翔的一天，你都可以反思自己学到了什么，未来如何成为自己想成为的人，然后通过无数小事来实现这一目的。如果你的人生礼物提醒你慢下来，那就只关注你面前的东西，享受它，不管你多么纠结。如果这份礼物提醒你要更积极地参与家庭生活，那就抽时间打电话给家人，倾听他们的声音，陪伴他们，支持他们。通过这种方式，你将为自己和周围的人创造积极的情绪，为以后收到更多的礼物做好准备。

顺其自然

不要对自己太苛刻。每一天都有不同的美好，都是不同的能量。~ @YogaStudioSouth

做你能做的一切，不要为没有完成的事情烦恼。~ @

第八章 可能性

Simplylibra

相信自己的直觉，相信自己。~ @Sam_Ho

减少工作压力，利用每一天来成长，让自己变得更自信，更有灵感。~ @2inspired

当你的日程很忙的时候，不要担心自己接下来要做什么。可以这样想："今天我只是在做我今天正在做的事情而已。"~ @RoisinO

每时每刻都是生活——无论是在奋斗中、挣扎中、接受中、享受中、受伤中、等待中，还是前行中。生活既有我们经常追逐的不平凡，也有我们在奔跑时忽略的平凡。

有一天，我在一家咖啡店里逗留期间，决定玩一个"人人对对碰"的小游戏。我坐在那里，手里抓着一个汤碗大小的咖啡杯，决定在周围的人中寻找感受相同的人。我清楚，不管这些人表面看上去多么迟钝呆滞，他们中绝大多数人的脑子里都翻江倒海般思绪万千，就好像那些想法是他们手中攥着的圆球，只是没有舒筋活络的保健作用。我最近看了电视剧《别对我说谎》，人们的微表情——这些细微的下意识的面部表情揭示了我们的真实感受。所以，我开始寻找微表情和其他身体线索。

我看到一个男人在他的笔记本电脑上疯狂地打字，好像在惩罚他的键盘。我注意到此人眉头紧锁，呼吸困难，猜想他一定是因为要完成某件事而感到了巨大压力。然后我又环视店内，仔细观察，断定靠近门口的一个女人也有类似的感受。那个女人盯着电脑，呼吸也很急促，面部因压力而扭曲，显然在思考电子邮件或工作。这就是我要找的两个人：他们处于完全相同的空间，共享同样的外部体验，同时也经历着非常相似的内部体验，对非当下的事情产生了极为相似的压力。一个男人和一个女人，都在面临着一些似乎无法克服或者极为困难的事情，都在重压下苦苦挣扎——我猜想此类事情大致是与升迁有关，或者与调离不满意的岗位有关。至少，如果他们能体会到我在做这些表情时的感受，他们就会有这样的体验。

咖啡店的洗手间门口有个女人正盯着自己的鞋子看。即使是在低头的时候，她的眼睛也在四处扫视，似乎想找到那些可能在看她的人。她弓着肩膀，双手插在口袋里，显得局促不安。我想，这是一个没有安全感的女人，她肯定不喜欢站在那么多人都能看到自己的地方。在距离她不到1.5米远的地方，我看到一个男人坐在一个女孩对面，他俩似乎是一起来的。即使是在看电脑的时候，这个男人也会不停地交叉双臂、松开双臂，一会儿看看同伴，一会儿低头，然后又抬头看她，双腿不停地交叉、分开。很显然，此人也想要得到某种程度的认可，并对可能得不到认可感到焦虑。

我在一个十分狭小的空间里观察周围的人，偷窥他们的情感，像一名业余心理学家。最终，我把注意力集中在一个似乎在盯着我看的人身上。我怀疑他是否也在玩同样奇怪的感觉观察游戏，但我确信他已经象征性地爬进了我的大脑，并在窥探它的内部运作。令人惊讶的是，我很快就从客观和开放转变为主观和防御，然后将此视为一种挑战，决定不先把目光移开，并且要在他看透我之前看穿他。或许此人也想从眼前的工作中休息一下，或许是我的信息素飘到了他的身边，他没有意识到我正坐在我称之为男朋友的高大而温和的男人对面；或者，正如他突然温柔的微笑和点头显示的那样，他只是在那个空间里，碰巧和我的眼睛对视了；或许，他什么也没感觉到，只是感觉到了存在的自由。

我曾经多次做过愤怒的打字员、痴迷的读者、焦虑的服务员和紧张的仰慕者，我想我们都有过这样的经历。我们都曾朝着目标努力，思考过自己行为的影响，在乎过别人的意见，并希望自己有力量控制一切。我们也牢牢地扎根在一个空间里，充分意识到我们可以放下一切阻碍我们的东西。当我们思考我们想要完成的每一件事，思考我们想要如何被人看待，以及在我们大脑中重叠思考的所有这些问题的成效时，我们似乎没有选择。但最终，我们总是可以选择现在做什么，无论是用我们的思想还是用我们的身体。在任何时候，我们都可以决定全力以赴。探索可能性的唯一方法是先行动起来。

第九章

控制

生活中我们能控制什么？

在生活中，我们只能控制自己的思想、感受、情绪和反应。多接受，多放手，少反应，多享受。~ @BodaciousLib

生活中我们唯一能控制的是我们的思想——思想的内容以及思想带给我们的感觉。~ @tamsinmelissa

我们在生活中唯一能控制的事情就是如何应对我们无法控制的一切。~ @roatanvortex

我们无法控制他人，但我们可以控制自己选择如何回应和应对他人。~ @angieclifford

我们可以控制自己的呼吸。~ @sweethartdehart

我们可以在任何情况下控制自己的行为。选择我们的行动方式总能比简单地做出反应得到更好的结果。~ @positivedoing

我们只能控制生活中的小事，比如今晚吃什么或做什么。生活的美妙之处在于我们无法控制那些重大的事情。~ @christiancropes

我们能控制我们的态度、我们的冲动（积极和消极的冲动）、我们对他人行为的看法、我们的意志力和我们的野心。~ @MelissaRowley

我们只能控制自己的身体和思想，我们应该对自己更好一些。~ @cbruels

你的意图永远取决于你自己；其余的会随着你的参与而不断变化。~ @nobodhi

回顾创建"小智慧"网站的经历以及与此有关的所有事情时，我意识到，我对这个世界和我在这个世界上的位置的不确定性并不比以前少。我从来不曾觉得自己发现了灵丹妙药，发现了通往幸福、理解和智慧的终极答案，也从来不曾觉得自己已经洞悉世间一切。我仍然有很多不知道或不理解的事情，但我已经决定接受这些事实，并专注于眼下自己能做的事情。

你可能永远不知道你从哪里来，要到哪里去，但你可以选择利用你所拥有的时间去做什么。你可以接受痛苦是不可避免的这一事实，并在前进的过程中吸取教训，从而为自己和他人省去很多痛苦。你永远不会是完美的，但如果你相信自己，并致力于新的可能性，你就能够改变——因为你想改变，也因为你周围的世界在改变。有时候会发生一些你可能永远也无法理解的事情，但你对未来的发展以及对那些你未曾预料到的事情的反应都有发言权。

第九章 控制

　　每一天，你都可以决定做一些让自己感觉有意义、有力量、快乐和有联系的事情，哪怕是小事——尤其是那些不起眼的小事。生命中最美好的事情都源于选择从简单的一步开始。你可以选择你对这一切的想法和感受，无论你是创造关于事物意义的消极故事，还是打开自己的心扉，接受你甚至不知道去想象的新的可能性。如果有一天你感觉自己活得不那么积极主动，没有活在当下，你可以从头再来，就从你现在所处的地方，无须背负过去的负担。你可以在任何时候决定重生。

　　你可以在任何时候决定你不需要知道所有的答案，只需要诚实地回答这个问题：你这一辈子想干什么，你想成为什么样的人，想过什么样的生活？在一个高度不确定的世界里，你可以让自己放心，你不必知道和控制一切，你只需相信你知道的足够多，可以承担责任就可以了。

穿越痛苦，即得智慧

现在可以控制的 50 件事

1. 你笑的次数。

2. 你在工作中付出了多少努力。

3. 你的诚实程度。

4. 你准备得有多充分。

5. 你如何处理自己的感受。

6. 你多久说一次"谢谢"。

7. 当你掏出钱包买奢侈品的时候。

8. 你是否认为某人是无辜的。

9. 你如何理解形势。

10. 你是否与周围的人竞争。

11. 你多久能注意到并感激细微的善举——提示：善举无处不在！

12. 你是选择倾听还是等候发言。

13. 你结束谈话的时间。

14. 你对自己有多好。

15. 你的想法是积极的还是消极的。

16. 你是否对他人报以期望。

17. 你吃的食物类型。

18. 什么时间回答别人的问题（回复电子邮件或电话）。

19. 花在忧虑上的时间。

20. 尝试新事物的数量。

21. 你的运动量。

22. 你在路上说脏话的次数。

23. 是否为应对天气做好准备。

24. 你花多少时间去说服别人相信你是对的。

25. 你多久回忆一次自己的过去。

26. 你读的负面文章的数量。

27. 当你看到你爱的人时，你给予他们的关注。

28. 你有多享受你现在拥有的东西。

29. 你是否开门见山地表达自己的想法。

30. 管理周围的空间，保持干净整洁。

31. 你读什么样的书。

32. 你在社交活动中的人际关系有多好。

33. 当你感受到压力时，你的呼吸有多深。

34. 多少次你承认"知之为知之，不知为不知"，然后学习新的东西。

35. 你是否经常利用你的影响力去帮助别人，而不仅仅是建立你的影响力。

36. 你寻求帮助的时刻。

37. 你要遵守哪些承诺,要取消哪些承诺。

38. 你要冒多少风险。

39. 你的思维多么有创意。

40. 在诠释你自己的想法时,你的表达有多么清楚。

41. 是制定一个新的计划,还是按照现有的计划行动?

42. 得到多少信息后你才会做出决定。

43. 你会和别人分享多少信息。

44. 你是否吸烟或喝酒(如果你是个酒鬼,那么我无法给你提供建议)。

45. 是否议论评判他人。

46. 自己身上的气味是好是坏。

47. 你有多相信别人说的话。

48. 失败后多久你能再次尝试。

49. 你晚上休息的时间。

50. 说"我爱你"的次数。

致谢

我曾在"小智慧"网站上写道,这个网站不是我自己的,而是我们大家的;其内容也不是关于我自己的,而是关于大家的。这本书也是如此,这不仅仅是因为许多读者和投稿人提供了本书收录的推文。假如不是因为有爱心、有洞察力的团体造就了"小智慧"网站,这本书就不可能存在。首先,我要感谢所有人,感谢你们如此真诚、慷慨地分享自己的故事。

感谢我的意大利大家庭,包括但不限于凯文、玛丽安娜、塔拉、瑞安、保利娜和珍妮,感谢你们在我不爱自己的时候依然爱我。特别感谢爸爸妈妈,你们对我包容体贴,容许我犯了似乎无穷无尽的重大错误,尽管这些错误本来就不容易被人察觉。这些错误塑了我的人生,也塑造了这本书,我对每一个错误都心存感激。

感谢埃伦,感谢你成了我最好的朋友,成了我的创作动力,成了我永远的支持、灵感和智慧的源泉。因为了解你、爱你，也因为跟随你走出那架飞机，我成了一个更好的自己。特别感谢我在加利福尼亚州的家人，包括帕特、凯西、贾斯廷和吉姆，感谢你们无尽的慷慨和善良。

感谢陈康妮把瑜伽带进我的生活，感谢你成为许多人的指路明灯；感谢杰米·卡斯·福特，谢谢你鼓励我从事专业写作；感谢凯文·罗斯，谢谢你教我使用推特，并在我人生旅途的许多地方为我指引方向；感谢科里·波莱托，谢谢你设计了最初的"小智慧"网站，并且成了我的好朋友；感谢乔舒亚·丹尼两年多的设计工作、网络策略支持和出色的表现；感谢索伦·戈德哈默，谢谢你鼓励世界更明智地使用科技，并鼓励我走出阴影；特别感谢简、玛莎、苏茜、帕特和科纳尼出版社的团队，谢谢你们对这个项目的信任，谢谢你们为世界带来了如此丰富的幸福资源和积极的改变。

再次感谢所有的朋友们，祝你们健康、幸福、平安、有爱。